# 액션 캐릭터 일러스트 그리기

생동감 넘치는
**액션 라인
테크닉**

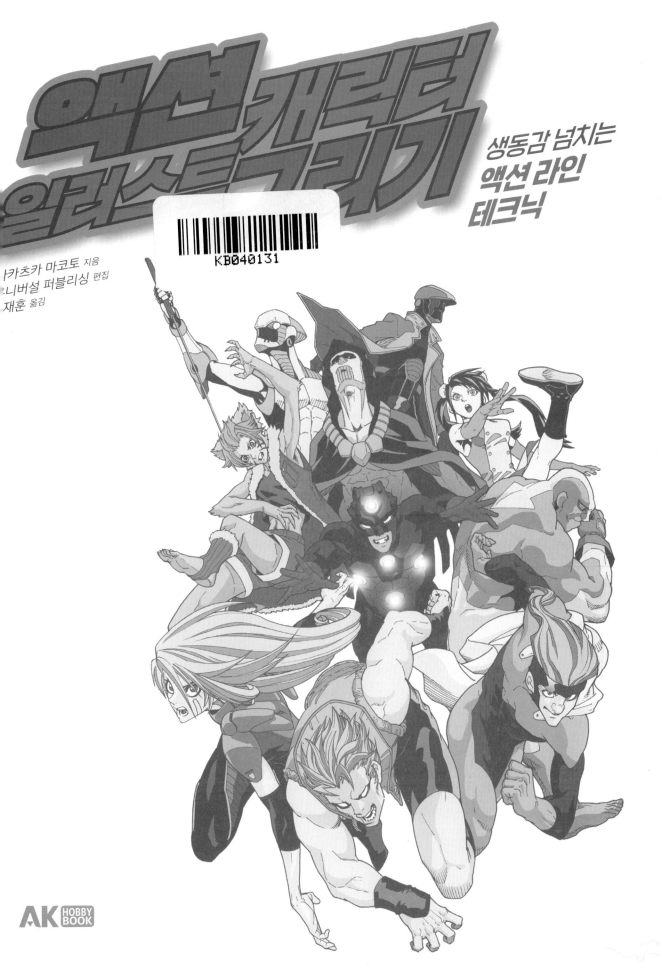

타카츠카 마코토 지음

니버설 퍼블리싱 편집

재훈 옮김

KB040131

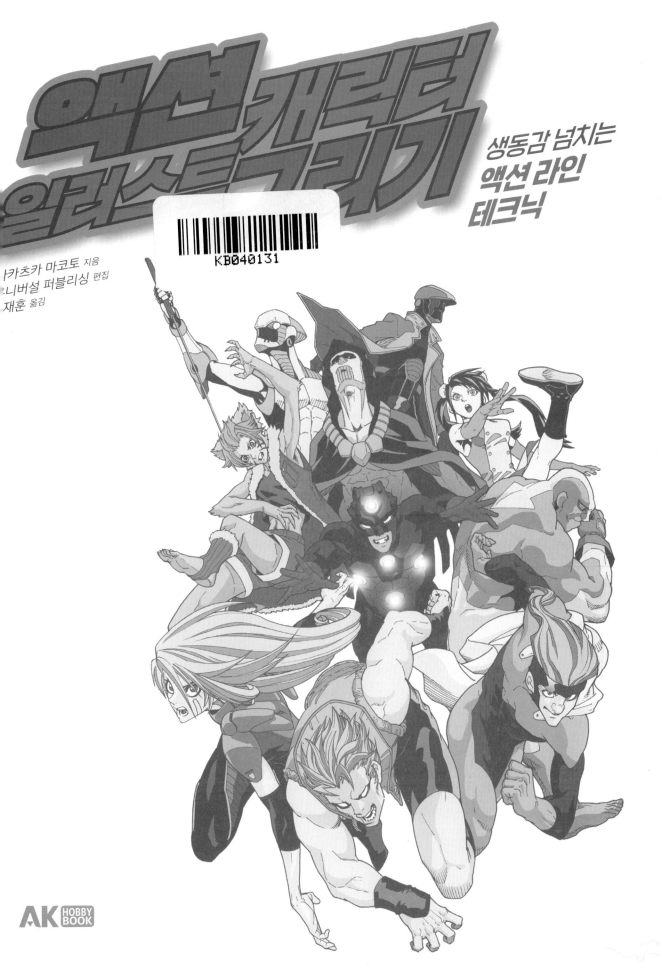

**AK** HOBBY BOOK

# 머리말 (이 책의 테마)

만화나 일러스트를 막 시작한 대부분의 사람이 **얼굴부터 그립니다**. 얼굴을 어느 정도 그릴 수 있게 되면 한 장의 그림으로 완결되는 멋진 만화와 일러스트를 그리려고 합니다. 전신 그림이나 더 임팩트 있는 그림을 그릴 수 있도록 다음 단계로 나아가려고 합니다.

그리고 대부분의 사람은 다음 수단으로 「**사진을 보고 그린다**」, 「**데생 인형으로 인체의 형태를 공부한다**」 같은 방법을 선택할 것입니다. 그러나 사진은 순간을 포착한 정지된 그림에 지나지 않습니다. 데생 인형으로는 근육과 뼈, 지방, 옷에 의한 변화까지는 알 수 없습니다. 그렇기에 더욱 다음 단계로 나아갈 필요가 있습니다.

한 장의 그림으로 완결되는 멋진 만화와 일러스트에서 **얻을 수 있는 그림의 특별한 가치, 장점**은 무엇일까요?

바로 「**움직임이 있는 그림**」입니다. 그림은 어떻게 해도 움직이지 않지만, 보는 사람이 「**움직임**」을 느낄 수 있는 장치를 활용할 수 있습니다.

「**움직임이 있는 그림**」은 사람이 무의식적으로 **다음 동작을 예측해 뇌가 착각을 일으켜** 「움직이는 것」처럼 느끼는 것입니다.

그러면 「**움직임이 있는 그림**」을 그리는 구체적인 **방법**에는 어떤 것이 있을까요? 대표적으로 아래의 세 가지 방법이 있습니다. 이것이 이 책의 테마입니다.

## 《「움직임이 있는 그림」을 그리는 방법》

**❶액션 라인으로 구도를 잡는다**
➡**인체의 움직임, 흐름의 라인**을 중심으로 그림을 구성하는 방법입니다. 보는 사람이 움직인다고 착각하도록 **움직임의 흐름**이 느껴지게 표현하는 것입니다. 이 책에서는 그런 라인들을 보조선 삼아, 만화의 형태로 응용한 것을 「액션 라인」이라고 정의합니다.

**❷인체를 비틀거나 기울여 의도적으로 밸런스를 무너뜨린다**
➡걷는 동작은 한쪽 발을 올리고 체중을 앞으로 이동시킵니다. 그대로 아무것도 하지 않으면 쓰러지므로, 올린 발을 앞으로 내립니다. 이 동작의 반복으로 이뤄집니다. 즉, 밸런스를 무너뜨린 몸은 다음 동작에서 반드시 밸런스를 잡으려고 합니다. 그런 사실을 아는 뇌가 다음 동작을 예측해, 움직인다고 착각합니다. 그렇기 때문에 그림에는 항상 **언밸런스한 부분**을 만들며 **연출**해 나갑니다.

**❸원근법의 착각을 이용한다**
➡가까이 있는 것은 크게, 멀리 있는 것은 작게 그리는 **원근법의 착각**을 이용하는 방법입니다. **멀리서 갑자기 접근**하면 움직이는 것처럼 느껴집니다.

포인트를 알면 「**움직임이 있는 매력적인 그림**」을 그릴 수 있습니다. 여러분의 그림도 극적으로 달라질 것입니다. 이 책이 도움이 되었으면 좋겠습니다.

# 01 액션 라인이란?

평면에 그렸는데, 마치 「움직이는 것처럼」 느껴지는 그림에는 뇌가 「움직인다」 고 착각하게 만드는 장치가 있습니다. 이 책에서는 그 장치를 보조선으로 표현하고, 「액션 라인」 이라고 부릅니다. 그릴 때 액션 라인부터 생각하면 그림에 약동감을 더하고 더욱 매력적으로 보이게 만듭니다.

구체적인 예로 살펴보겠습니다. 아래의 두 가지 예를 봐주세요.

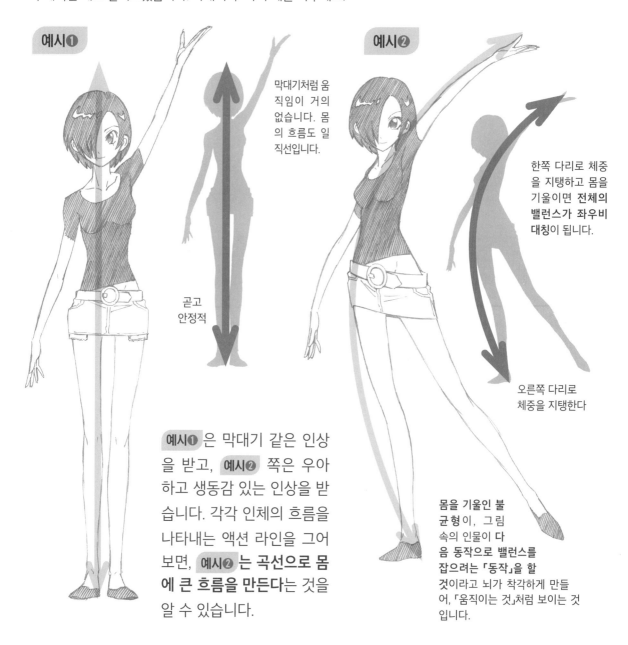

예시❶

막대기처럼 움직임이 거의 없습니다. 몸의 흐름도 일직선입니다.

곧고 안정적

예시❷

한쪽 다리로 체중을 지탱하고 몸을 기울이면 **전체의 밸런스가 좌우비대칭**이 됩니다.

오른쪽 다리로 체중을 지탱한다

예시❶ 은 막대기 같은 인상을 받고, 예시❷ 쪽은 우아하고 생동감 있는 인상을 받습니다. 각각 인체의 흐름을 나타내는 액션 라인을 그어보면, 예시❷ **는 곡선으로 몸에 큰 흐름을 만든다**는 것을 알 수 있습니다.

**몸을 기울인 불균형**이, 그림 속의 인물이 다음 동작으로 밸런스를 잡으려는 「동작」을 할 것이라고 뇌가 착각하게 만들어, 「움직이는 것」처럼 보이는 것입니다.

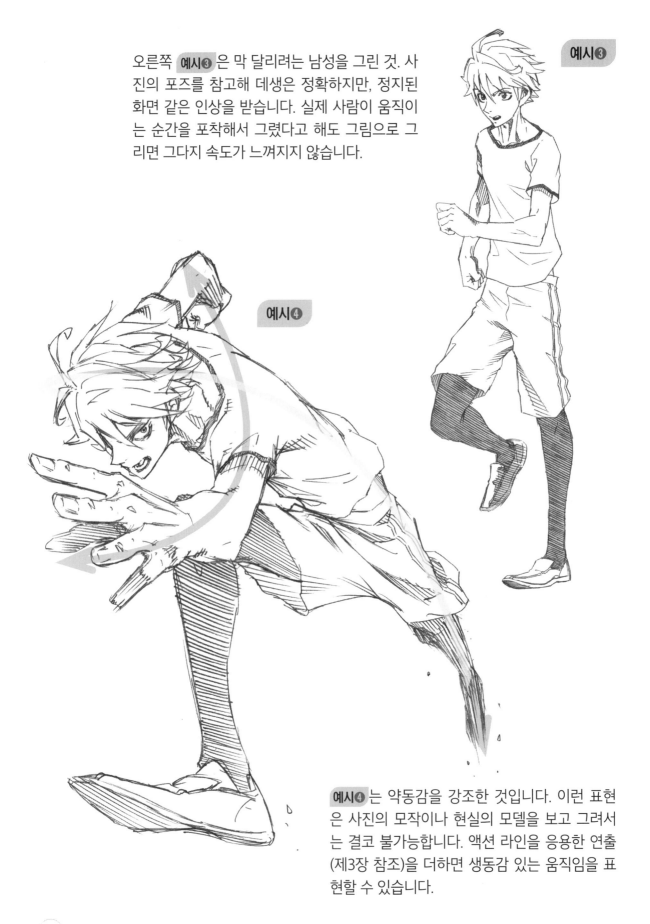

오른쪽 예시❸은 막 달리려는 남성을 그린 것. 사진의 포즈를 참고해 데생은 정확하지만, 정지된 화면 같은 인상을 받습니다. 실제 사람이 움직이는 순간을 포착해서 그렸다고 해도 그림으로 그리면 그다지 속도가 느껴지지 않습니다.

예시❹는 약동감을 강조한 것입니다. 이런 표현은 사진의 모작이나 현실의 모델을 보고 그려서는 결코 불가능합니다. 액션 라인을 응용한 연출(제3장 참조)을 더하면 생동감 있는 움직임을 표현할 수 있습니다.

# 액션 라인을 활용하자!

액션 라인을 활용하면 약동감 있는 그림을 설계할 수 있습니다. 이 책은 액션 라인의 기본부터 응용, 연출의 요령 까지 하나씩 자세히 설명합니다.

### ● 제1장의 포인트

**액션 라인의 기본이 되는 패턴**을 익히고, 금방이라도 움직일 것 같은 그림 그리는 법을 설명합니다.

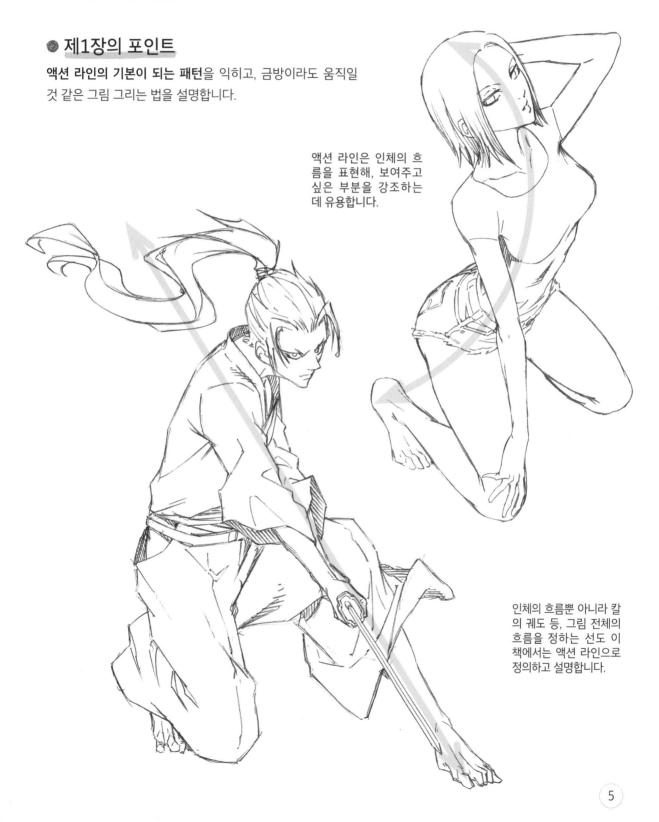

액션 라인은 인체의 흐름을 표현해, 보여주고 싶은 부분을 강조하는 데 유용합니다.

인체의 흐름뿐 아니라 칼의 궤도 등, 그림 전체의 흐름을 정하는 선도 이 책에서는 액션 라인으로 정의하고 설명합니다.

## 📌 제2장의 포인트

제1장에서 배운 기본에서 한 걸음 나아간 응용 편입니다. **여러 개의 액션 라인을 조합**한 그림 그리는 법을 설명합니다. **인체의 비틀림**을 적용해 그림을 더 다이내믹하게 보여줍니다.

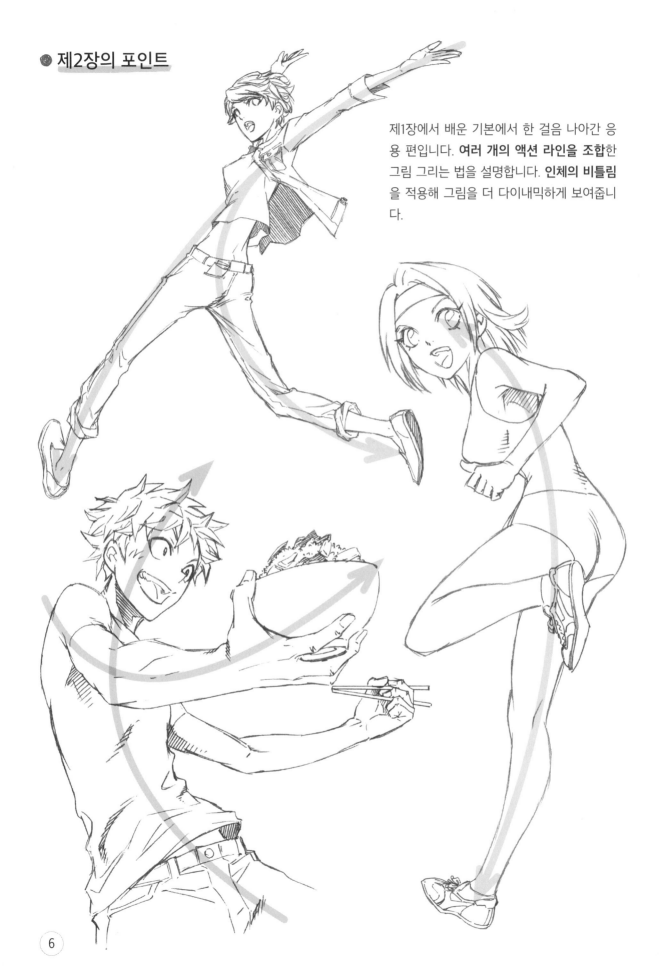

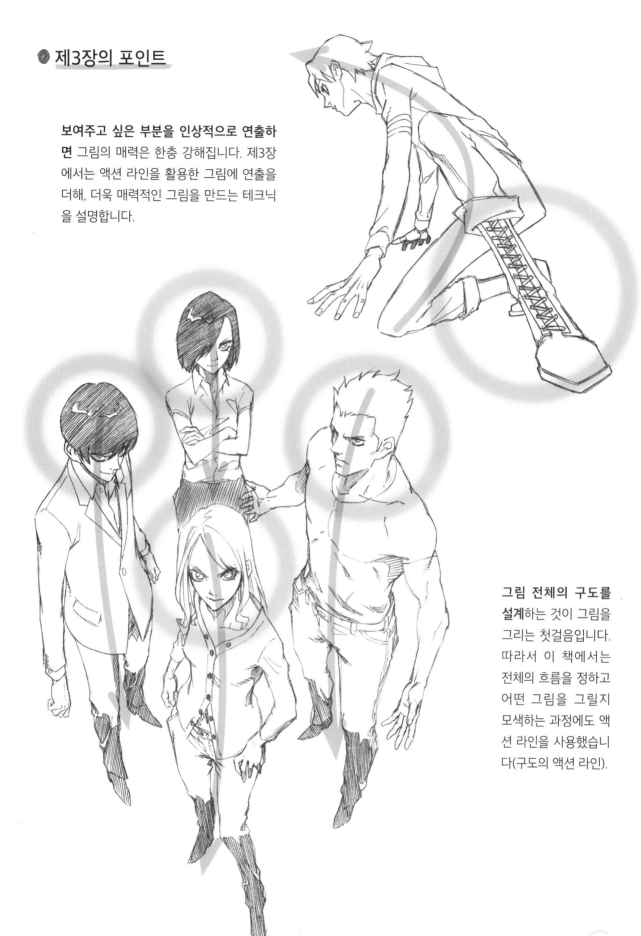

## 🔵 제3장의 포인트

**보여주고 싶은 부분을 인상적으로 연출하면** 그림의 매력은 한층 강해집니다. 제3장에서는 액션 라인을 활용한 그림에 연출을 더해, 더욱 매력적인 그림을 만드는 테크닉을 설명합니다.

**그림 전체의 구도를 설계**하는 것이 그림을 그리는 첫걸음입니다. 따라서 이 책에서는 전체의 흐름을 정하고 어떤 그림을 그릴지 모색하는 과정에도 액션 라인을 사용했습니다(구도의 액션 라인).

# 액션 캐릭터 일러스트 그리기

### 생동감 넘치는 액션 라인 테크닉

**목 차**

# 제 **2** 장 액션 라인의 응용 53

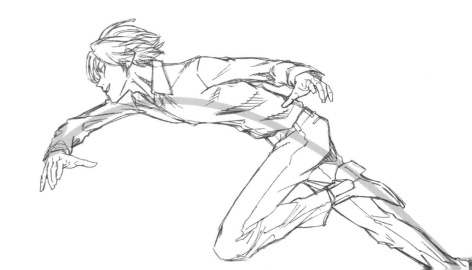

# 기본 액션 라인

금방이라도 움직일 것만 같은 인물을 그리려면 어떻게 해야 할까요? 포즈를 잡을 때, 먼저 인체의 움직임, 흐름을 「액션 라인」으로 그리면 약동감 있는 포즈를 제대로 그릴 수 있습니다.

제1장에서 액션 라인의 기본형을 완벽히 익혀서, 매력적인 「움직임이 있는 그림」을 그리는 첫걸음을 내딛어 보세요!

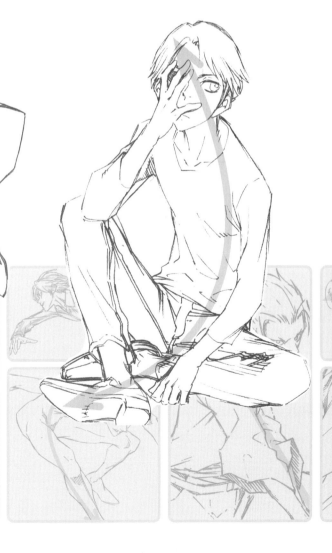

# *01* 기본 액션 라인의 유형

## 5종류의 액션 라인

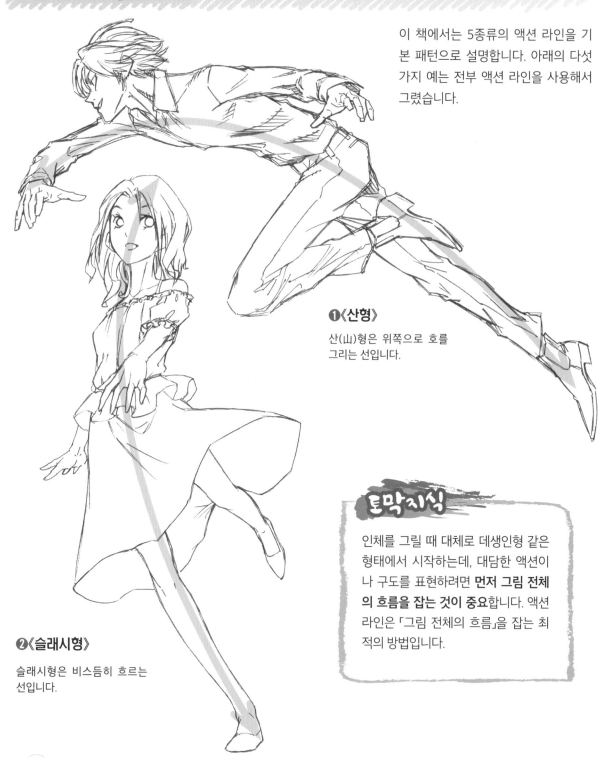

이 책에서는 5종류의 액션 라인을 기본 패턴으로 설명합니다. 아래의 다섯 가지 예는 전부 액션 라인을 사용해서 그렸습니다.

**❶《산형》**

산(山)형은 위쪽으로 호를 그리는 선입니다.

**토막지식**

인체를 그릴 때 대체로 데생인형 같은 형태에서 시작하는데, 대담한 액션이나 구도를 표현하려면 **먼저 그림 전체의 흐름을 잡는 것이 중요**합니다. 액션 라인은 「그림 전체의 흐름」을 잡는 최적의 방법입니다.

**❷《슬래시형》**

슬래시형은 비스듬히 흐르는 선입니다.

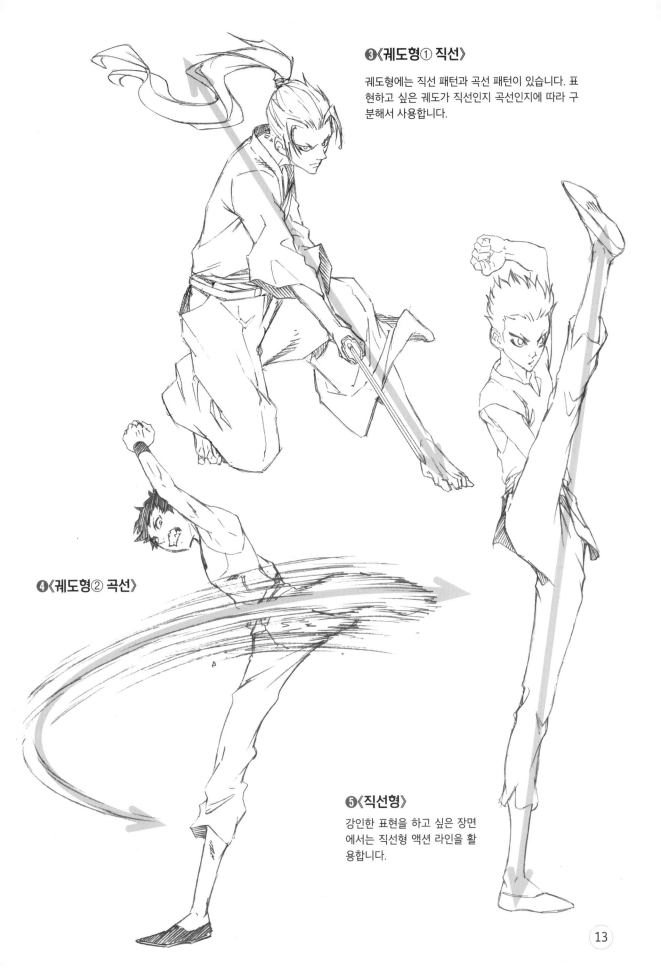

**❸《궤도형① 직선》**

궤도형에는 직선 패턴과 곡선 패턴이 있습니다. 표현하고 싶은 궤도가 직선인지 곡선인지에 따라 구분해서 사용합니다.

**❹《궤도형② 곡선》**

**❺《직선형》**

강인한 표현을 하고 싶은 장면에서는 직선형 액션 라인을 활용합니다.

# *02* 산형 액션 라인

산(山)형 액션 라인에는 앞으로 기울인 몸이나 옆으로 흐르는 움직임이 있습니다. 달리는 사람의 모습을 그려보겠습니다.

## 산형 액션 라인을 바탕으로 그려보자

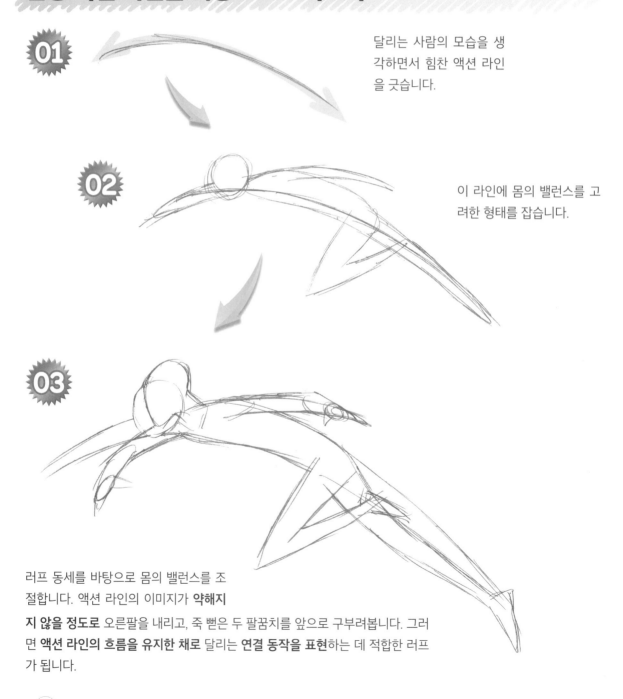

**01** 달리는 사람의 모습을 생각하면서 힘찬 액션 라인을 긋습니다.

**02** 이 라인에 몸의 밸런스를 고려한 형태를 잡습니다.

**03**

러프 동세를 바탕으로 몸의 밸런스를 조절합니다. 액션 라인의 이미지가 **약해지지 않을 정도로** 오른팔을 내리고, 죽 뻗은 두 팔꿈치를 앞으로 구부려봅니다. 그러면 **액션 라인의 흐름을 유지한 채로** 달리는 **연결 동작을 표현**하는 데 적합한 러프가 됩니다.

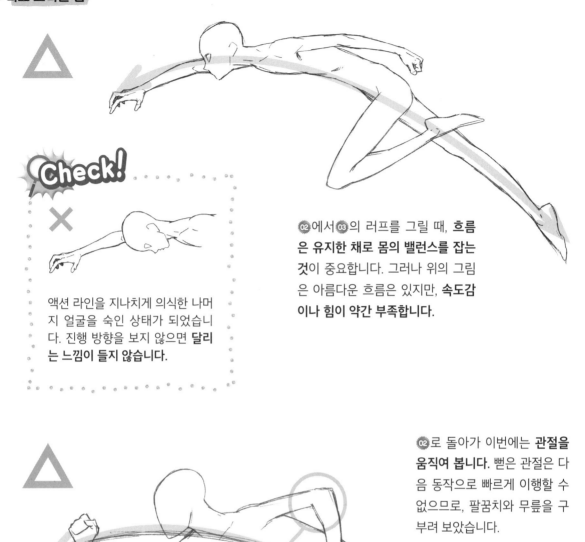

△

**Check!**

×

액션 라인을 지나치게 의식한 나머지 얼굴을 숙인 상태가 되었습니다. 진행 방향을 보지 않으면 **달리는 느낌이 들지 않습니다.**

⓶에서 ⓷의 러프를 그릴 때, **흐름은 유지한 채로 몸의 밸런스를 잡는 것**이 중요합니다. 그러나 위의 그림은 아름다운 흐름은 있지만, **속도감이나 힘이 약간 부족합니다.**

△

⓶로 돌아가 이번에는 **관절을 움직여 봅니다.** 뻗은 관절은 다음 동작으로 빠르게 이행할 수 없으므로, 팔꿈치와 무릎을 구부려 보았습니다.

팔꿈치를 구부리는 것은 달리는 스타일의 전형이지만, **액션 라인의 이미지와 크게 동떨어진 형태**이므로, 재고할 필요가 있습니다.

무릎은 좋은 느낌입니다.

이런 식으로 액션 라인을 이용해서 동작을 제대로 표현할 수 있는 러프를 그려보세요.

**04** 육체의 형태를 생각하고 전체의 형태를 잡아 나갑니다.

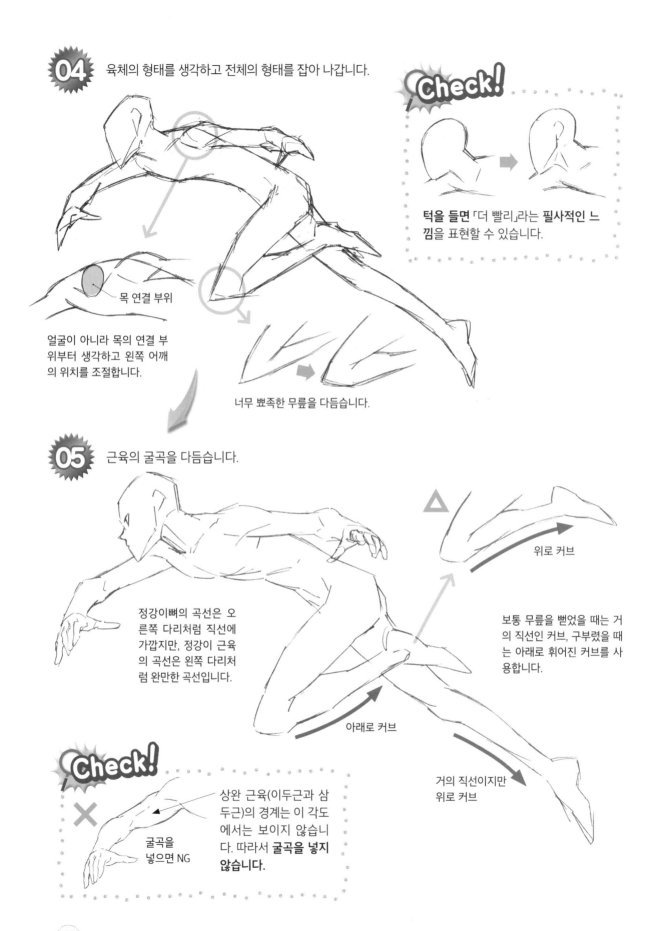

**Check!**

턱을 들면 「더 빨리」라는 **필사적인 느낌**을 표현할 수 있습니다.

목 연결 부위

얼굴이 아니라 목의 연결 부위부터 생각하고 왼쪽 어깨의 위치를 조절합니다.

너무 뾰족한 무릎을 다듬습니다.

**05** 근육의 굴곡을 다듬습니다.

정강이뼈의 곡선은 오른쪽 다리처럼 직선에 가깝지만, 정강이 근육의 곡선은 왼쪽 다리처럼 완만한 곡선입니다.

위로 커브

보통 무릎을 뻗었을 때는 거의 직선인 커브, 구부렸을 때는 아래로 휘어진 커브를 사용합니다.

아래로 커브

거의 직선이지만 위로 커브

**Check!**

×

굴곡을 넣으면 NG

상완 근육(이두근과 삼두근)의 경계는 이 각도에서는 보이지 않습니다. 따라서 **굴곡을 넣지 않습니다.**

**06**

실루엣에 맞게 옷과 각 부분을 그려 넣습니다.

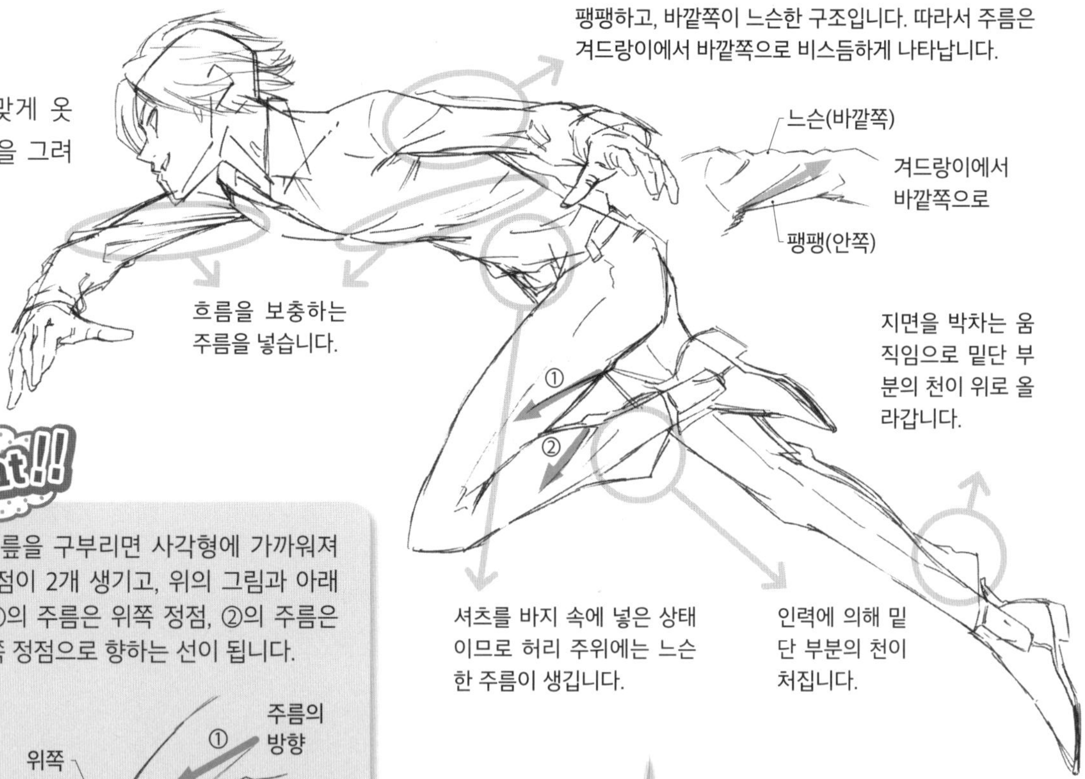

소매가 있는 셔츠는 기본적으로 팔을 움직이면 안쪽이 팽팽하고, 바깥쪽이 느슨한 구조입니다. 따라서 주름은 겨드랑이에서 바깥쪽으로 비스듬하게 나타납니다.

느슨(바깥쪽)

겨드랑이에서 바깥쪽으로

팽팽(안쪽)

흐름을 보충하는 주름을 넣습니다.

지면을 박차는 움직임으로 밑단 부분의 천이 위로 올라갑니다.

①
②

**Point!!**

무릎을 구부리면 사각형에 가까워져서 정점이 2개 생기고, 위의 그림과 아래 그림①의 주름은 위쪽 정점, ②의 주름은 아래쪽 정점으로 향하는 선이 됩니다.

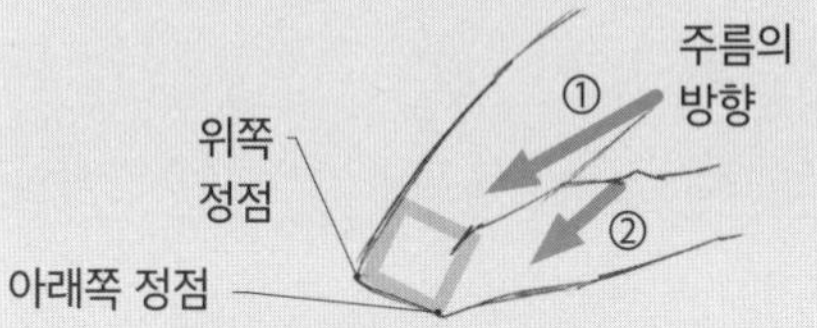

주름의 방향

①
②

위쪽 정점

아래쪽 정점

셔츠를 바지 속에 넣은 상태이므로 허리 주위에는 느슨한 주름이 생깁니다.

인력에 의해 밑단 부분의 천이 처집니다.

**07**

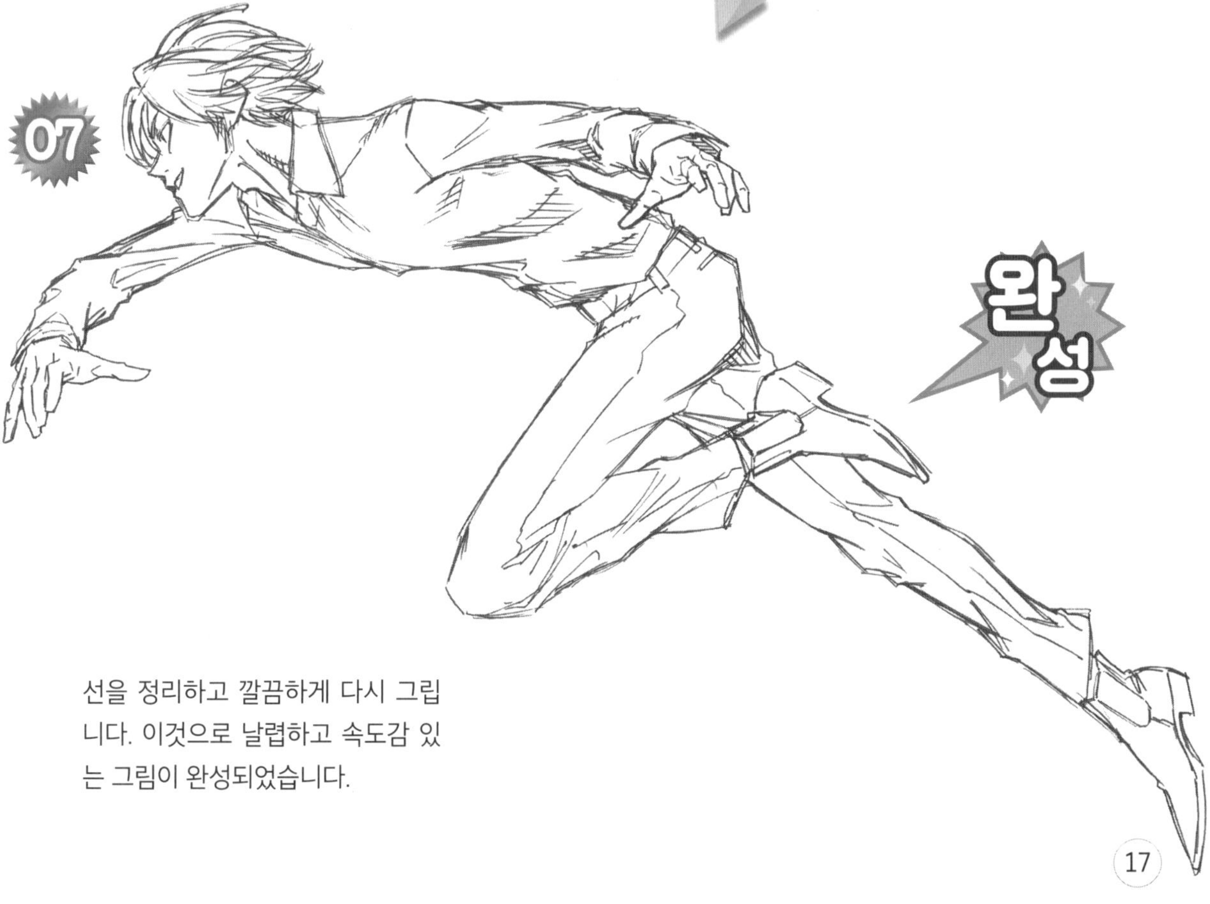

**완성**

선을 정리하고 깔끔하게 다시 그립니다. 이것으로 날렵하고 속도감 있는 그림이 완성되었습니다.

# 실제 작화❶ 액션 라인 한 줄부터 그린다

다음은 실제로 어떻게 액션 라인으로 그림을 그리는지, 산형 액션 라인을 바탕으로 실제로 그리는 과정을 살펴보겠습니다.

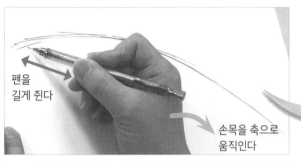

펜을
길게 쥔다

손목을 축으로
움직인다

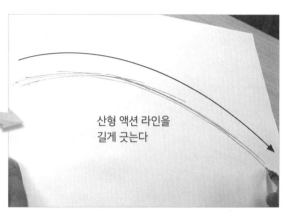

산형 액션 라인을
길게 긋는다

**01.** 펜끝을 멀리 잡고(펜 중앙 부근), 손목을 축으로 액션 라인을 긋습니다.

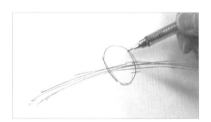

**02.** 머리부터 인물의 형태를 그립니다. 포즈는 **01.**의 시점에서 어느 정도 구상했습니다.

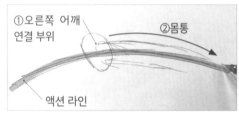

①오른쪽 어깨
연결 부위

②몸통

액션 라인

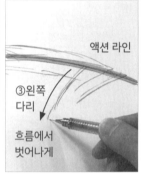

액션 라인

③왼쪽
다리

흐름에서
벗어나게

**03.** 기본적으로는 라인을 따라 그리지만, 양쪽 다리를 붙여두면 약동감이 없으므로 왼쪽 다리는 라인의 흐름에서 벗어나게 합니다.

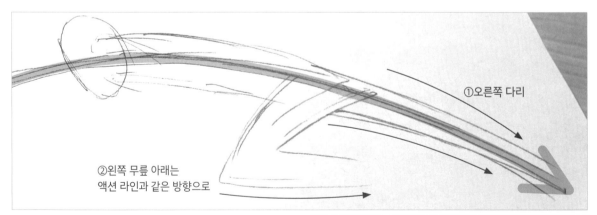

①오른쪽 다리

②왼쪽 무릎 아래는
액션 라인과 같은 방향으로

**04.** 오른쪽 다리는 액션 라인을 따라서 그립니다. 액션 라인의 속도감을 살리려고 왼쪽 무릎 아래는 라인과 같은 방향으로 선을 긋습니다. 오른쪽 팔은 라인을 따라서 앞으로 내민 형태입니다.

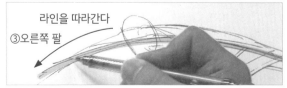

라인을 따라간다
③오른쪽 팔

**05.** 03.과 마찬가지로 양팔은 붙이지 않고, 왼쪽 팔꿈치부터 손까지 액션 라인의 흐름에서 벗어나게 합니다. 단, 가능한 한 라인의 흐름을 방해하지 않도록 구부린 팔을 액션 라인에 가깝게 그립니다. 또한 왼발 끝은 액션 라인과 같은 방향을 향하게 하고, 오른발은 액션 라인을 따라 그립니다.

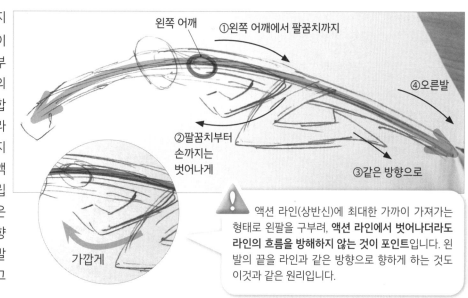

왼쪽 어깨
①왼쪽 어깨에서 팔꿈치까지
②팔꿈치부터 손까지는 벗어나게
③같은 방향으로
④오른발
가깝게

> ⚠ 액션 라인(상반신)에 최대한 가까이 가져가는 형태로 왼팔을 구부려, **액션 라인에서 벗어나더라도 라인의 흐름을 방해하지 않는 것이 포인트**입니다. 왼발의 끝을 라인과 같은 방향으로 향하게 하는 것도 이것과 같은 원리입니다.

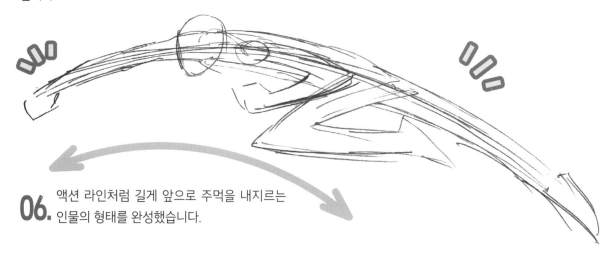

**06.** 액션 라인처럼 길게 앞으로 주먹을 내지르는 인물의 형태를 완성했습니다.

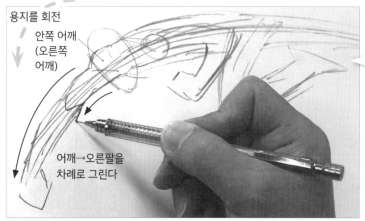

용지를 회전
안쪽 어깨 (오른쪽 어깨)
어깨→오른팔을 차례로 그린다

> ⚠ 얼굴을 먼저 그리면, 얼굴로 가려진 부분(어깨와 목)의 형태를 잡을 수 없으니, **안쪽 어깨의 위치를 먼저 파악**하고 그립니다. 이번에는 육체의 굴곡을 바로 그렸지만, 처음인 사람은 먼저 원통으로 형태를 잡고 그려도 좋습니다.

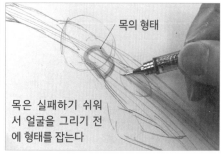

목의 형태

목은 실패하기 쉬워서 얼굴을 그리기 전에 형태를 잡는다

**07.** 안쪽 어깨(오른쪽 어깨)의 위치를 알면, 오른팔부터 대강의 인체를 그립니다.

※용지는 선을 긋기 쉬운 방향으로 계속 돌리면서 그립니다.

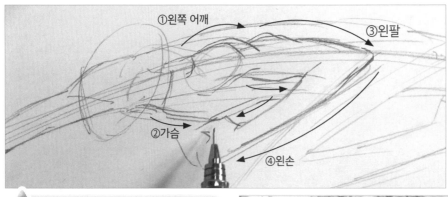

①왼쪽 어깨
③왼팔
②가슴
④왼손

**08.** 왼쪽 어깨에서 가슴, 왼팔, 왼손을 차례로 그려서 상반신을 끝낸 다음, 엉덩이에서 왼쪽 다리 순으로 하반신을 그립니다. 형태의 속도감은 그대로 유지하고, 인체 구조를 생각하면서 형태를 잡는 것이 중요합니다.

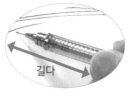

⚠️ 액션 라인을 그을 때는 **펜 끝에서 먼 곳을 잡으면 긴 선을 편하게 그을 수 있습니다.** 반대로 세밀한 형태나 선을 따는 작업 등 가는 선을 그을 때는 펜을 짧게 잡습니다.

길다

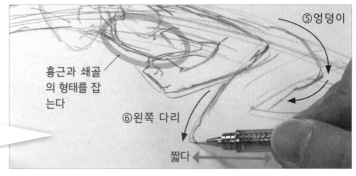

⑤엉덩이

흉근과 쇄골의 형태를 잡는다

⑥왼쪽 다리

짧다

**09.** 08.과 마찬가지로 형태의 속도감을 유지하면서 왼발까지 다 그린 다음 오른쪽 다리를 진행합니다.

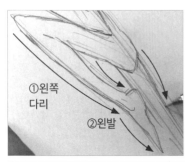

①왼쪽 다리
②왼발

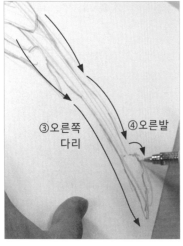

③오른쪽 다리
④오른발

## Check!

08.·09.의 「형태의 속도감을 유지한 채로 인체 구조에 알맞은 형태를 잡는다」에 대해서 구체적으로 설명합니다. 아래 그림은 06의 형태( 그림❶ )와 09.에서 그린 오른쪽 다리입니다( 그림❷ ).

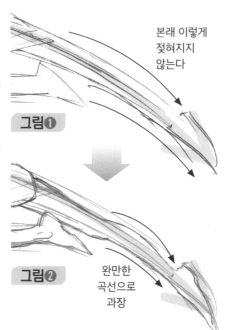

본래 이렇게 젖혀지지 않는다

그림❶

완만한 곡선으로 과장

그림❷

다리는 본래 그림❶ 처럼 젖혀지지 않지만, 액션 라인의 흐름을 기준으로 이상하지 않을 만큼 완만한 곡선으로 처리합니다( 그림❷ ).
이렇게 **인체의 구조가 액션 라인과 살짝 어긋나는 부분을 위화감이 없게 과장**하는 식으로 형태의 속도감을 유지할 수 있습니다.

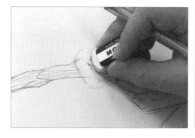 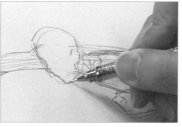

**10.** 눈의 위치와 귀의 위치를 정하고, 대강의 형태를 잡습니다. 얼굴을 그리는 데 선이 방해되므로 지웁니다. 머리의 형태를 여기서 잡아두지 않으면, 깔끔한 형태로 그리기 어려우니 주의합니다.

**11.** 형태 작업은 이것으로 완성입니다. 여기에 머리 모양과 옷의 형태를 더합니다.

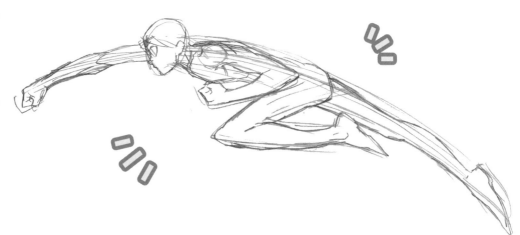

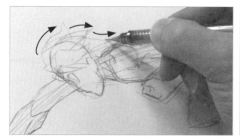 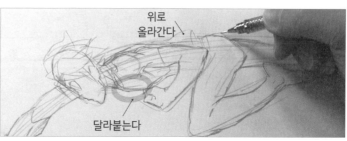

위로 올라간다

달라붙는다

달라붙는다

헐렁하다

**12.** 머리의 형태를 기준으로 머리카락의 볼륨을 조절. 옷이 몸에 붙는 부분과 헐렁한 부분이 생기므로, 육체의 굴곡을 생각하면서 밑그림을 그립니다.

❶

❷

⚠️ 왼발 밑단을 흐름에 따라 ❶처럼 그렸지만, 실제는 앞면이 무릎 쪽으로 당겨지고 뒷면은 헐렁하므로, ❷로 수정했습니다.

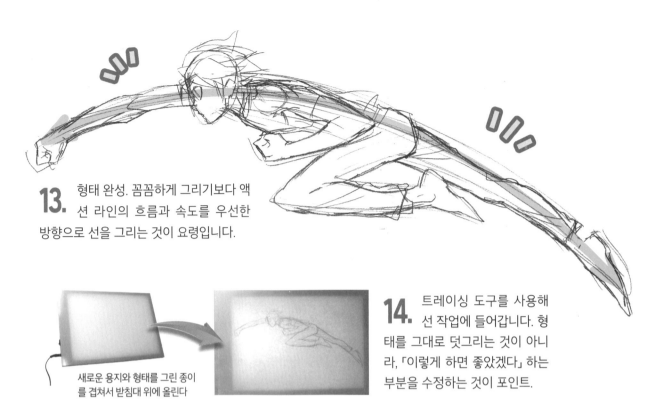

**13.** 형태 완성. 꼼꼼하게 그리기보다 액션 라인의 흐름과 속도를 우선한 방향으로 선을 그리는 것이 요령입니다.

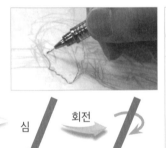

새로운 용지와 형태를 그린 종이를 겹쳐서 받침대 위에 올린다

**14.** 트레이싱 도구를 사용해 선 작업에 들어갑니다. 형태를 그대로 덧그리는 것이 아니라, 「이렇게 하면 좋았겠다」 하는 부분을 수정하는 것이 포인트.

**15.** 이번에는 얼굴부터 그립니다. 또렷한 선으로 그립니다.

⚠ 얼굴은 선이 1밀리미터 단위로 어긋나도 에러가 발생, 코가 커지는 등 인상이 상당히 변합니다. **펜을 돌려서 심이 뾰족한 부분으로 선을 긋습니다.**

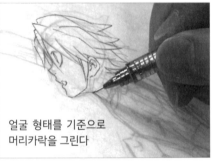

심　회전

얼굴 형태를 기준으로 머리카락을 그린다

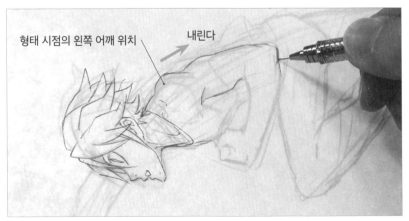

형태 시점의 왼쪽 어깨 위치　내린다

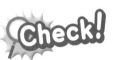

**Check!**

머리만 보아도 형태를 상당히 수정한 것을 알 수 있습니다.

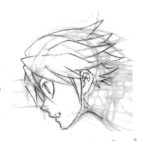

**16.** 「왼쪽 어깨를 조금 아래로 내렸어도 괜찮았을 것」 같은 느낌이 들어서, 어깨의 위치를 수정하면서 그렸습니다. 그만큼 약간 목이 길어졌습니다.

**17.** 형태에서는 주로 인체의 아웃라인을 잡았지만, 지금부터는 윤곽 이외의 굴곡을 나타내는 선도 넣습니다. 사람의 눈은 상반신 (특히 얼굴)으로 가기 쉬우니 신중하게 그립니다.

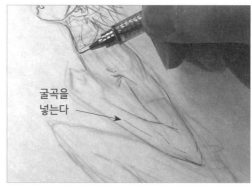

굴곡을 넣는다

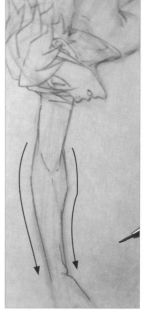

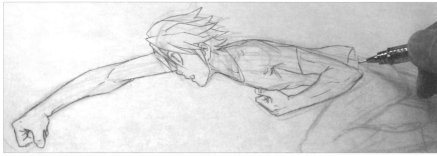

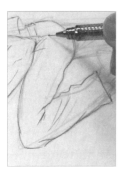

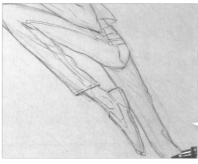

**18.** 하반신을 그려 넣습니다. 상반신과는 달리 다소 오차가 있어도 인상이 크게 달라지지 않습니다.

⚠️ 옷의 세부를 그립니다. 데님의 이음새 라인을 그려 넣고, 주름을 정리, 수정했습니다. 신발 끈도 지금 타이밍에 그려 넣습니다.

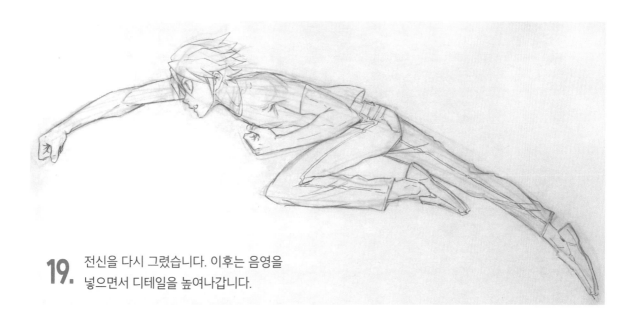

**19.** 전신을 다시 그렸습니다. 이후는 음영을 넣으면서 디테일을 높여나갑니다.

**20.** 액션 라인의 흐름을 따라서 뻗은 팔의 근육에 터치를 넣습니다. 속도감과 근육이 뻗은 느낌을 표현할 수 있으므로 추천합니다.

⚠ 왼손에도 속도감과 음영을 포함한 터치를 넣었습니다.

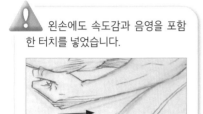

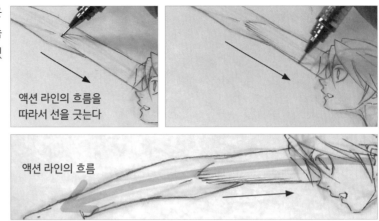

액션 라인의 흐름을 따라서 선을 긋는다

액션 라인의 흐름

**21.** 가볍게 선을 넣어 음영의 범위를 표시하고, 선에서 일부러 삐져나오게 음영의 사선을 넣습니다.

⚠ 약간 선을 넣으면 그대로 사선을 넣기보다도 음영의 형태가 좋습니다. 또한 범위의 선에서 벗어나지 않게 사선을 넣으면 무늬처럼 보이니 주의.

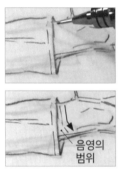

음영의 범위

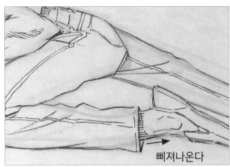

삐져나온다

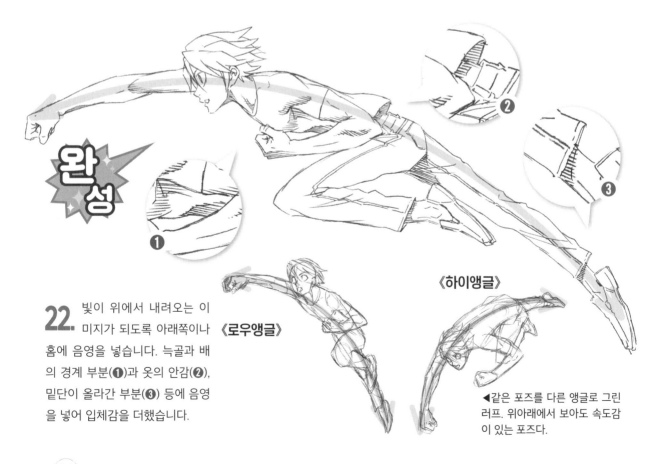

완성

❶

❷

❸

**22.** 빛이 위에서 내려오는 이미지가 되도록 아래쪽이나 홈에 음영을 넣습니다. 늑골과 배의 경계 부분(❶)과 옷의 안감(❷), 밑단이 올라간 부분(❸) 등에 음영을 넣어 입체감을 더했습니다.

《로우앵글》

《하이앵글》

◀같은 포즈를 다른 앵글로 그린 러프. 위아래에서 보아도 속도감이 있는 포즈다.

# 03 슬래시형 액션 라인

슬래시형 액션 라인을 사용해 그려보겠습니다. 전진하는 이미지의 그림으로 설명합니다.

## 슬래시형 액션 라인을 바탕으로 그려보자

**01** 포즈 전체의 흐름을 생각하고 액션 라인을 긋습니다.

Check!

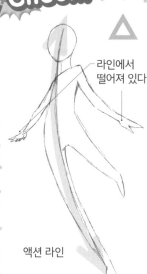

△ 라인에서 떨어져 있다

액션 라인

위의 그림은 양팔을 옆으로 벌린 탓에 액션 라인의 인상이 약해졌습니다.

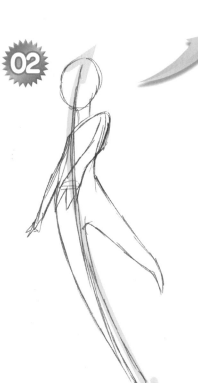

**02**

형태를 그려 넣습니다. 이때 왼팔을 몸 앞으로 내밀고, **실루엣을 액션 라인의 형태에 가까운 형태로 그립니다.**

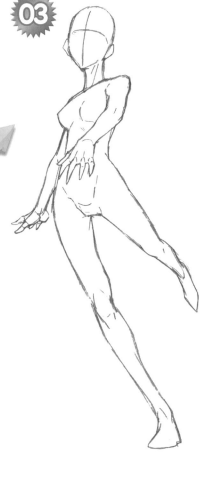

**03**

형태를 꼼꼼하게 묘사합니다. 실루엣이 심플하면 액션 라인이 더 강조되고, 흐르는 듯한 아름다운 포즈가 됩니다.

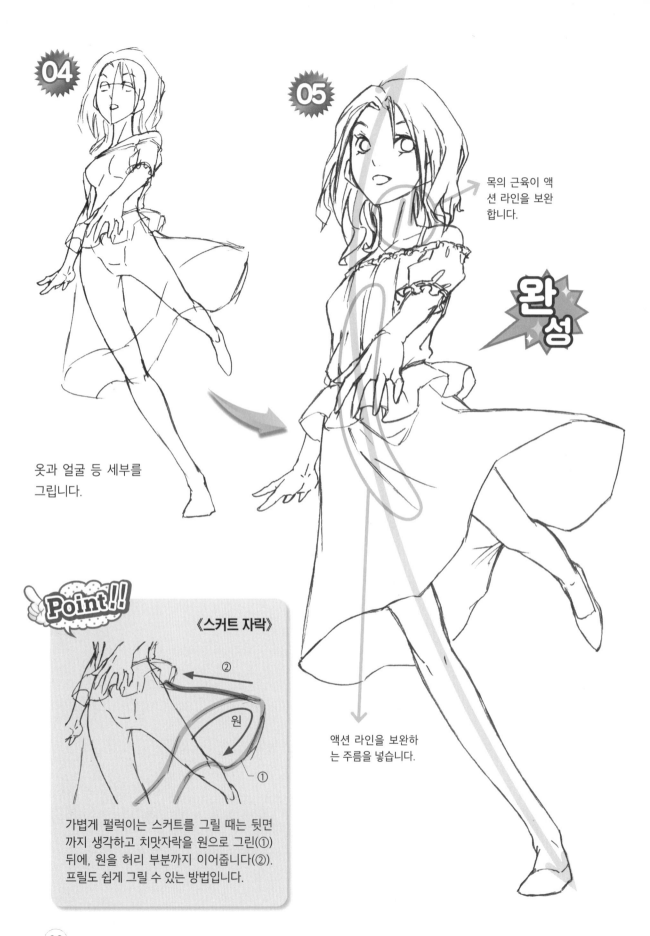

**04**

옷과 얼굴 등 세부를
그립니다.

**05**

목의 근육이 액
션 라인을 보완
합니다.

**완성**

액션 라인을 보완하
는 주름을 넣습니다.

**Point!!**

《스커트 자락》

②

원

①

가볍게 펄럭이는 스커트를 그릴 때는 뒷면
까지 생각하고 치맛자락을 원으로 그린(①)
뒤에, 원을 허리 부분까지 이어줍니다(②).
프릴도 쉽게 그릴 수 있는 방법입니다.

# *04* 직선형 액션 라인

이 책에서는 만화 표현에 쓸 수 있는 직선의 흐름과 힘의 방향도 액션 라인으로 소개합니다. 직선형 액션 라인은 곡선의 우아함과 다른 단단하고 강인한 움직임을 표현하는 데 적합합니다.

## 직선형 액션 라인을 활용해보자

 **01**

직선의 액션 라인을 긋습니다.

**02** 직선을 가이드로 형태를 그려 넣습니다.

**03**

형태를 바탕으로 세밀하게 그립니다. 손과 다리가 겹쳐서 포즈를 알기 힘들다는 것을 알게 되었습니다.

손과 다리의 실루엣이 겹치게 되면 알기 힘든 포즈가 되기 때문에…

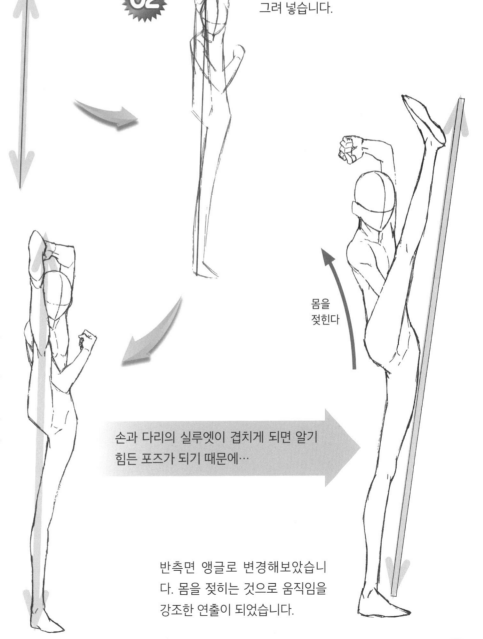

몸을 젖힌다

반측면 앵글로 변경해보았습니다. 몸을 젖히는 것으로 움직임을 강조한 연출이 되었습니다.

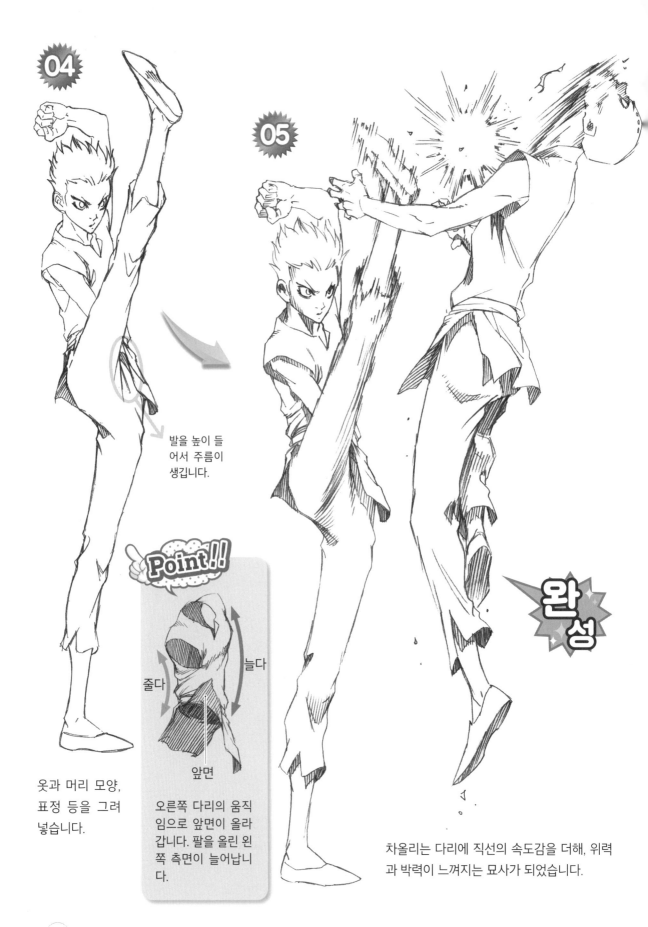

**04**

발을 높이 들
어서 주름이
생깁니다.

**05**

**완성**

**Point!!**

늘다

줄다

앞면

오른쪽 다리의 움직
임으로 앞면이 올라
갑니다. 팔을 올린 왼
쪽 측면이 늘어납니
다.

옷과 머리 모양,
표정 등을 그려
넣습니다.

차올리는 다리에 직선의 속도감을 더해, 위력
과 박력이 느껴지는 묘사가 되었습니다.

# *05* 궤도형 액션 라인❶직선

몸의 움직임부터 그리는 것이 아니라 사물과 손발이 움직이는 궤도를 액션 라인으로 사용하는 「궤도형」을 살펴보겠습니다. 「궤도형」에는 직선의 궤도와 곡선의 궤도가 있는데, 이번 항목에서는 직선 궤도를 설명합니다.

## 검의 궤도를 액션 라인으로 활용하자

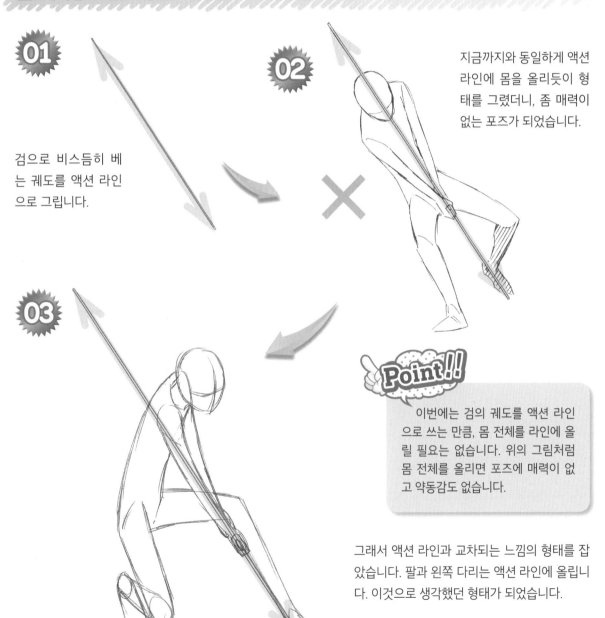

**01** 검으로 비스듬히 베는 궤도를 액션 라인으로 그립니다.

**02** 지금까지와 동일하게 액션 라인에 몸을 올리듯이 형태를 그렸더니, 좀 매력이 없는 포즈가 되었습니다.

**03**

**Point!!**

이번에는 검의 궤도를 액션 라인으로 쓰는 만큼, 몸 전체를 라인에 올릴 필요는 없습니다. 위의 그림처럼 몸 전체를 올리면 포즈에 매력이 없고 약동감도 없습니다.

그래서 액션 라인과 교차되는 느낌의 형태를 잡았습니다. 팔과 왼쪽 다리는 액션 라인에 올립니다. 이것으로 생각했던 형태가 되었습니다.

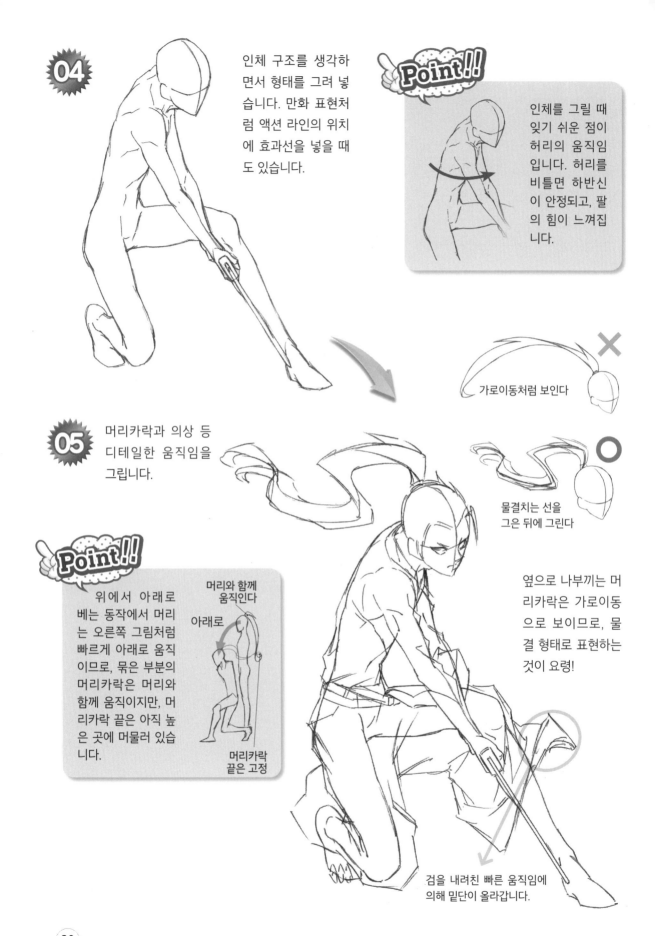

**04**

인체 구조를 생각하면서 형태를 그려 넣습니다. 만화 표현처럼 액션 라인의 위치에 효과선을 넣을 때도 있습니다.

**Point!!**

인체를 그릴 때 잊기 쉬운 점이 허리의 움직임입니다. 허리를 비틀면 하반신이 안정되고, 팔의 힘이 느껴집니다.

✕

가로이동처럼 보인다

◯

물결치는 선을 그은 뒤에 그린다

**05**

머리카락과 의상 등 디테일한 움직임을 그립니다.

**Point!!**

위에서 아래로 베는 동작에서 머리는 오른쪽 그림처럼 빠르게 아래로 움직이므로, 묶은 부분의 머리카락은 머리와 함께 움직이지만, 머리카락 끝은 아직 높은 곳에 머물러 있습니다.

머리와 함께 움직인다

아래로

머리카락 끝은 고정

옆으로 나부끼는 머리카락은 가로이동으로 보이므로, 물결 형태로 표현하는 것이 요령!

검을 내려친 빠른 움직임에 의해 밑단이 올라갑니다.

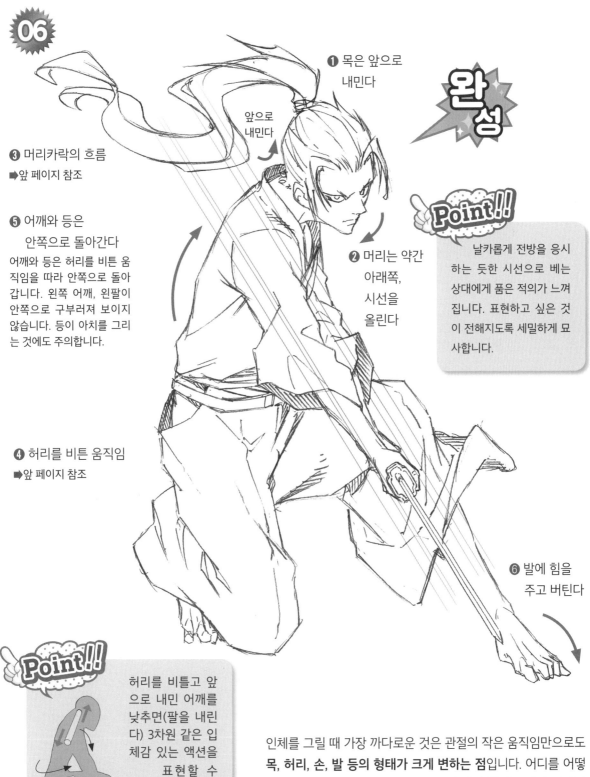

❸ 머리카락의 흐름
➡ 앞 페이지 참조

❺ 어깨와 등은
　안쪽으로 돌아간다
어깨와 등은 허리를 비튼 움
직임을 따라 안쪽으로 돌아
갑니다. 왼쪽 어깨, 왼팔이
안쪽으로 구부러져 보이지
않습니다. 등이 아치를 그리
는 것에도 주의합니다.

❹ 허리를 비튼 움직임
➡ 앞 페이지 참조

앞으로
내민다

❶ 목은 앞으로
내민다

❷ 머리는 약간
아래쪽,
시선을
올린다

완성

**Point!!**

날카롭게 전방을 응시
하는 듯한 시선으로 베는
상대에게 품은 적의가 느껴
집니다. 표현하고 싶은 것
이 전해지도록 세밀하게 묘
사합니다.

❻ 발에 힘을
주고 버틴다

**Point!!**

허리를 비틀고 앞
으로 내민 어깨를
낮추면(팔을 내린
다) 3차원 같은 입
체감 있는 액션을
표현할 수
있습니다.

인체를 그릴 때 가장 까다로운 것은 관절의 작은 움직임만으로도
**목, 허리, 손, 발 등의 형태가 크게 변하는 점**입니다. 어디를 어떻
게 방향을 바꾸면 강조한 검의 흐름에 가장 힘이 들어간 것처럼
보일까요? ❶~❻의 포인트에 주의하면서 액션 라인의 흐름을 강
조할 방법을 모색해보세요.

이 항목에서는 궤도형 액션 라인의 곡선 타입을 살펴보겠습니다.

## 돌려차기 궤도를 액션 라인으로 활용하자

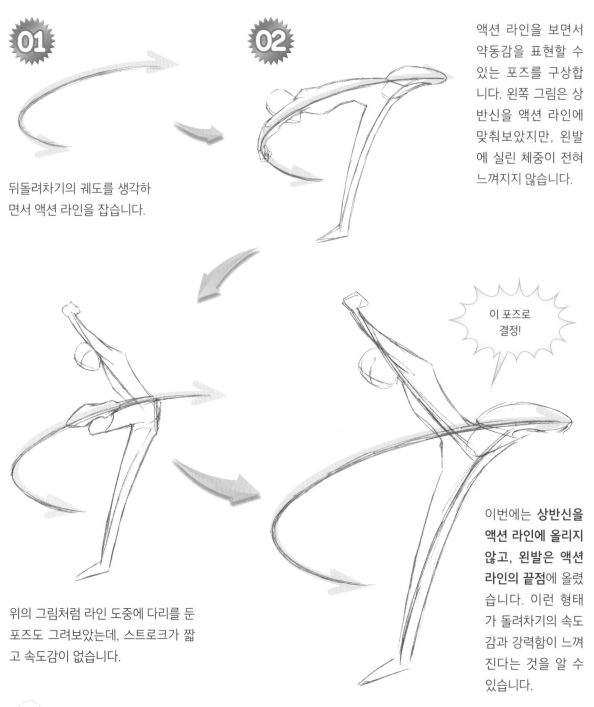

**01**

뒤돌려차기의 궤도를 생각하
면서 액션 라인을 잡습니다.

**02**

액션 라인을 보면서
약동감을 표현할 수
있는 포즈를 구상합
니다. 왼쪽 그림은 상
반신을 액션 라인에
맞춰보았지만, 왼발
에 실린 체중이 전혀
느껴지지 않습니다.

이 포즈로
결정!

위의 그림처럼 라인 도중에 다리를 둔
포즈도 그려보았는데, 스트로크가 짧
고 속도감이 없습니다.

이번에는 **상반신을
액션 라인에 올리지
않고, 왼발은 액션
라인의 끝점**에 올렸
습니다. 이런 형태
가 돌려차기의 속도
감과 강력함이 느껴
진다는 것을 알 수
있습니다.

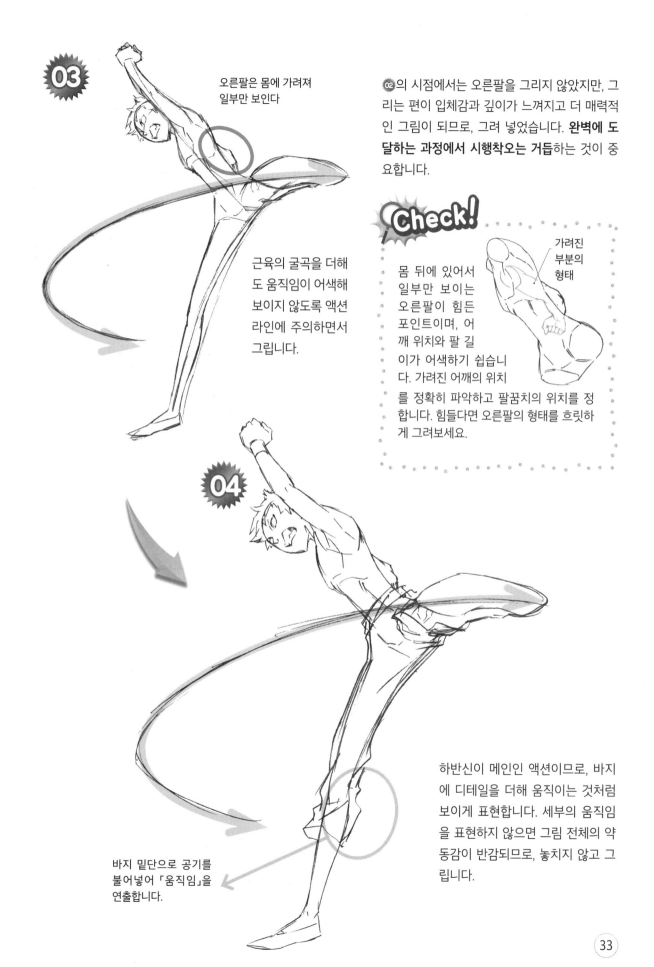

**03**

오른팔은 몸에 가려져
일부만 보인다

근육의 굴곡을 더해
도 움직임이 어색해
보이지 않도록 액션
라인에 주의하면서
그립니다.

**02**의 시점에서는 오른팔을 그리지 않았지만, 그
리는 편이 입체감과 깊이가 느껴지고 더 매력적
인 그림이 되므로, 그려 넣었습니다. **완벽에 도
달하는 과정에서 시행착오는 거듭**하는 것이 중
요합니다.

## Check!

가려진
부분의
형태

몸 뒤에 있어서
일부만 보이는
오른팔이 힘든
포인트이며, 어
깨 위치와 팔 길
이가 어색하기 쉽습니
다. 가려진 어깨의 위치
를 정확히 파악하고 팔꿈치의 위치를 정
합니다. 힘들다면 오른팔의 형태를 흐릿하
게 그려보세요.

**04**

하반신이 메인인 액션이므로, 바지
에 디테일을 더해 움직이는 것처럼
보이게 표현합니다. 세부의 움직임
을 표현하지 않으면 그림 전체의 약
동감이 반감되므로, 놓치지 않고 그
립니다.

바지 밑단으로 공기를
불어넣어 「움직임」을
연출합니다.

액션 라인을 따라서 속도를 나타내는 효과선을 넣어 궤도를 표현했습니다.

삼각근과 견갑골이 한 덩어리로 보입니다. 제대로 표현하고 싶을 때는 선을 넣어도 좋습니다.

**머리에도 입체감**을 더합니다. 정수리 부근은 돌려져 있어 안 보입니다. 코와 턱 등은 그리기 힘든 포인트이지만, 간단한 입체 도형으로 바꿔보면 그리기 쉽습니다.

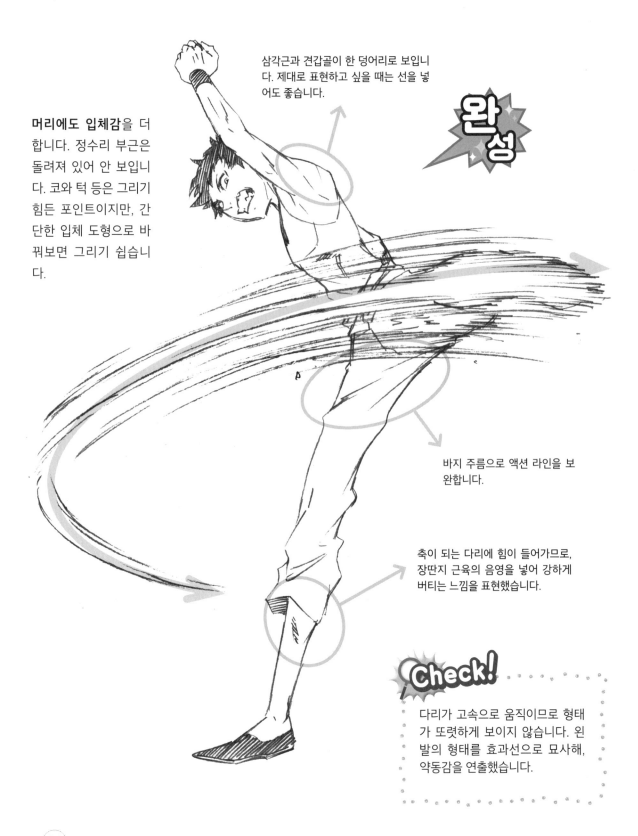

바지 주름으로 액션 라인을 보완합니다.

축이 되는 다리에 힘이 들어가므로, 장딴지 근육의 음영을 넣어 강하게 버티는 느낌을 표현했습니다.

**Check!**

다리가 고속으로 움직이므로 형태가 또렷하게 보이지 않습니다. 왼발의 형태를 효과선으로 묘사해, 약동감을 연출했습니다.

# *07* 일상 동작과 액션 라인

액션 라인은 본래 움직임 속에서 포즈를 만들 때 구상한 인체의 라인이지만, 일상 동작의 포즈에 적용하면 평범한 동작을 더 생동감 있는 매력적인 포즈로 만들 수 있습니다. 아래의 내용은 시행 착오의 예입니다. 어디가 좋고, 어디가 나쁜지 살펴보겠습니다.

## 일상 동작에 액션 라인을 적용한다① 서다

《곧게 선 포즈》

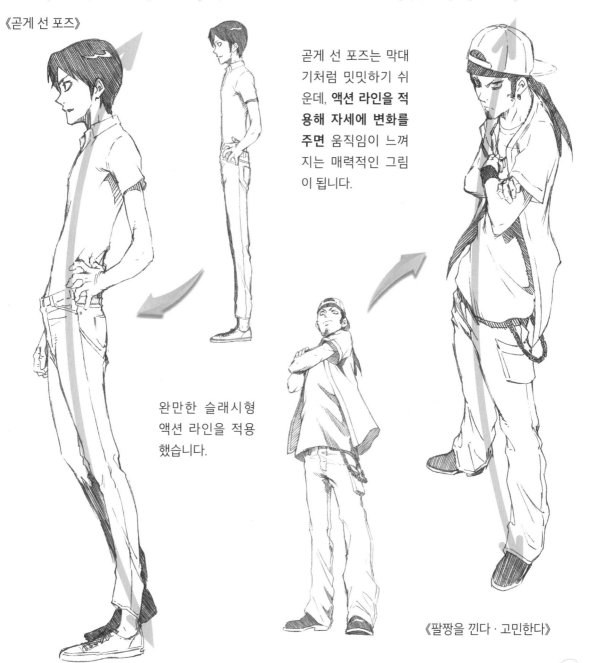

곧게 선 포즈는 막대 기처럼 밋밋하기 쉬 운데, **액션 라인을 적 용해 자세에 변화를 주면** 움직임이 느껴 지는 매력적인 그림 이 됩니다.

완만한 슬래시형 액션 라인을 적용 했습니다.

《팔짱을 낀다 · 고민한다》

# 일상 동작에 액션 라인을 적용한다② 앉다

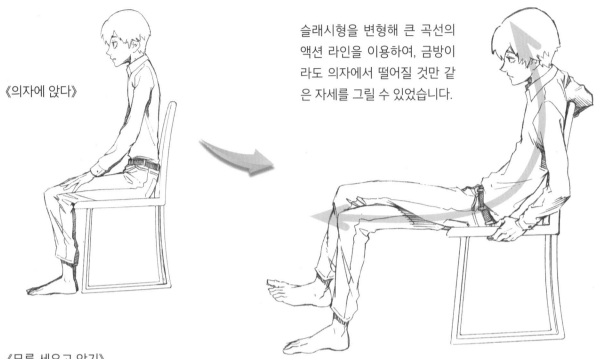

《의자에 앉다》

슬래시형을 변형해 큰 곡선의 액션 라인을 이용하여, 금방이라도 의자에서 떨어질 것만 같은 자세를 그릴 수 있었습니다.

《무릎 세우고 앉기》

몸을 구부리거나 크게 젖힌 포즈에는 「U자형」 액션 라인도 있습니다. U자형은 포즈가 지나치게 극단적이므로, 꼭 필요할 때만 사용하세요.

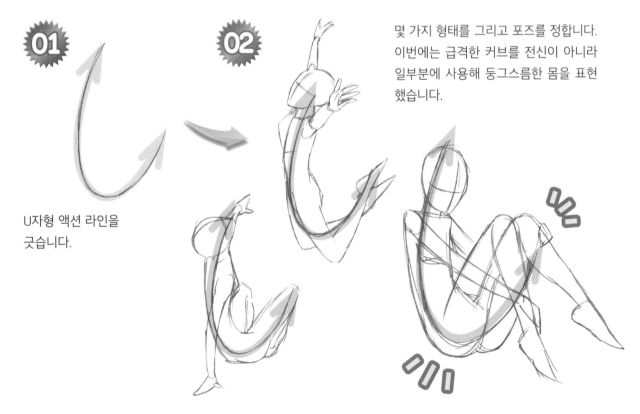

**01**

U자형 액션 라인을 긋습니다.

**02**

몇 가지 형태를 그리고 포즈를 정합니다. 이번에는 급격한 커브를 전신이 아니라 일부분에 사용해 둥그스름한 몸을 표현했습니다.

더 매력적인 포즈를 구상하면서 형태를 그립니다. 한쪽 다리를 올려도 좋지만, 이번에는 내려서 차분한 분위기로.

 포즈의 매력을 살리듯이 세부 작화를 합니다. 잔뜩 움츠린 어깨의 둥그스름한 형태가 예뻐서 어깨를 드러냈습니다.

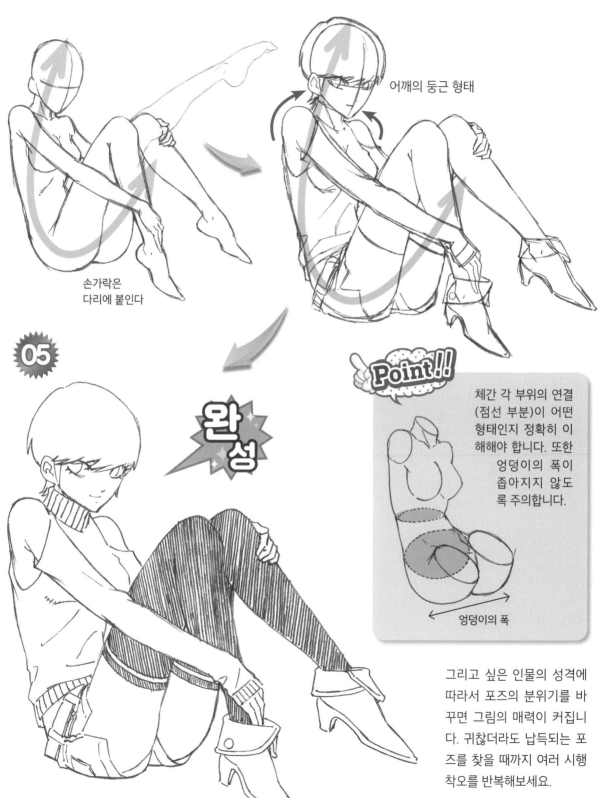

어깨의 둥근 형태

손가락은
다리에 붙인다

완성

Point!!

체간 각 부위의 연결 (점선 부분)이 어떤 형태인지 정확히 이해해야 합니다. 또한 엉덩이의 폭이 좁아지지 않도록 주의합니다.

엉덩이의 폭

그리고 싶은 인물의 성격에 따라서 포즈의 분위기를 바꾸면 그림의 매력이 커집니다. 귀찮더라도 납득되는 포즈를 찾을 때까지 여러 시행착오를 반복해보세요.

《책상다리》

책상다리 포즈는 좌우대칭이 되기 쉬워 움직임을 표현하기 어려운 포즈입니다. 슬래시형 액션라인을 적용해 자세를 조금 수정했습니다.

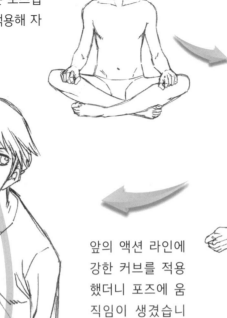

앞의 액션 라인에 강한 커브를 적용했더니 포즈에 움직임이 생겼습니다. 나른한 분위기도 느껴집니다.

《무릎 세우기》

곡선이 강한 슬래시형 액션 라인을 적용했습니다. 라인을 따라서 등을 젖히면 **강조하고 싶은 부분이 부각되면서 자연스럽게 강약**이 생겼습니다.

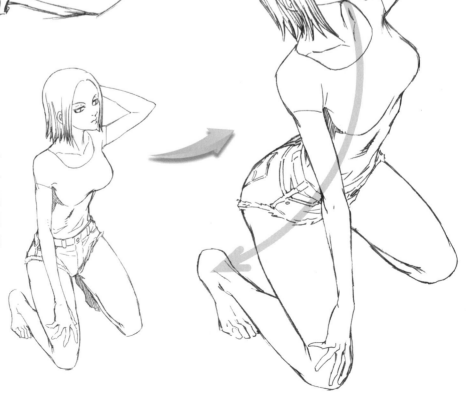

# 다양한 일상 동작에 액션 라인을 적용한다

《책상에 앉다》

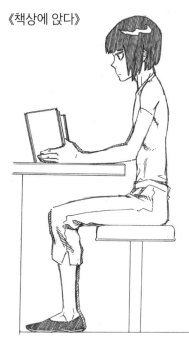

직각 같은 자세에 곡선의 액션 라인을 적용해 움직임을 더했습니다.

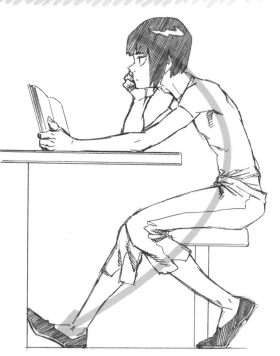

좌우 발을 다른 방향이 되게 구부리고, 오른팔을 턱에 붙여 밸런스를 잡았습니다. 포즈에도 움직임을 더했습니다.

《신문을 읽는다》

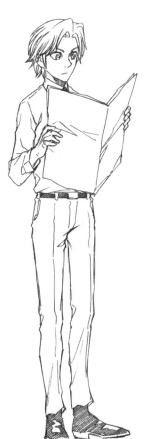

곧고 뻣뻣한 자세는 매력이 없으므로, 신문을 들여다보고 놀라는 장면을 액션 라인을 이용해 그렸습니다.

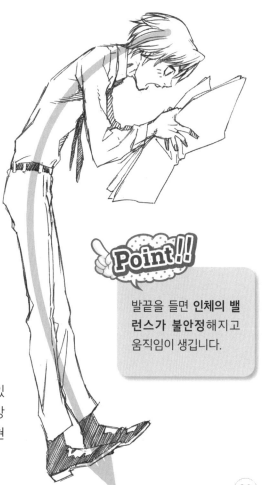

Point!!

발끝을 들면 **인체의 밸런스가 불안정**해지고 움직임이 생깁니다.

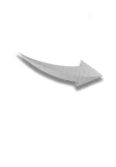

언밸런스한 움직임이 있는 그림은 임팩트가 강하고, 표정과 감정 표현에도 효과가 큽니다.

《셀카 포즈》

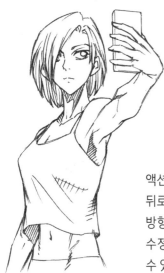

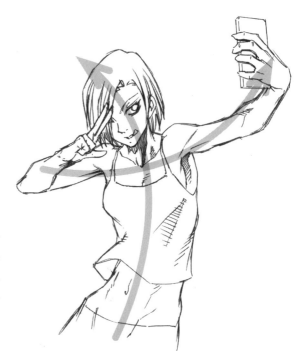

액션 라인을 사용해 상체를 뒤로 젖힌 동작에 대응하는 방향으로 옷자락의 형태를 수정하면 약동감을 연출할 수 있습니다.

《재킷을 걸친다》

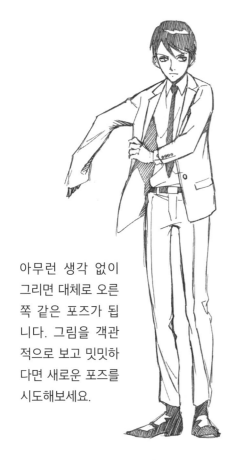

큰 움직임을 액션 라인으로 표현하며, 자세를 무너뜨려 언밸런스한 움직임을 연출했습니다.

아무런 생각 없이 그리면 대체로 오른쪽 같은 포즈가 됩니다. 그림을 객관적으로 보고 밋밋하다면 새로운 포즈를 시도해보세요.

Point!!

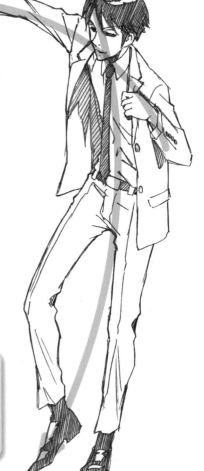

한쪽 발로 체중을 지탱하고 반대쪽 발은 약간 띄우는 것이 포인트입니다.

# 달리기·점프에 액션 라인을 적용한다

달리는 사람의 포즈를 그리는 법을 포즈를 모색하면서 살펴보겠습니다.

《달린다》

달리는 포즈는 기본적으로 앞으로 기울인 자세이므로, 먼저 그리고 싶은 포즈를 구상하면서 슬래시형 액션 라인을 긋습니다.

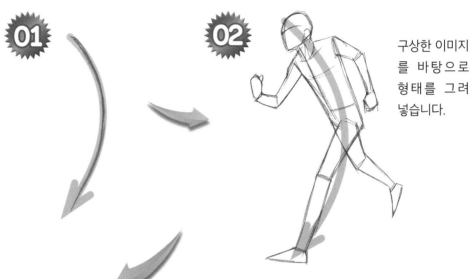

구상한 이미지를 바탕으로 형태를 그려 넣습니다.

인물, 양복의 입체 구조를 생각하면서 궁리해, 형태를 그립니다.

## ●포즈의 모색

02에서 03의 러프를 그릴 때 다양한 포즈를 모색했습니다. 손발의 방향이 약간만 달라져도 인상이 크게 바뀝니다.

《모색❶ 오른쪽 손목》

〔손목을 구부린 예〕

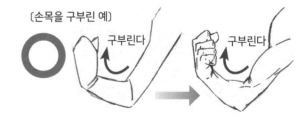

〔구부리지 않은 예〕

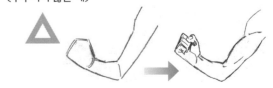

이번에는 **오른쪽 손목을 안쪽으로 구부렸습니다**. 그 편이 근육의 굴곡이 드러나 움직임이 느껴지며, 주먹의 입체감과 강력함도 함께 느낄 수 있는 매력적인 포즈가 되기 때문입니다.

《모색❷ 왼팔》

반대로 **왼쪽 속목은 구부리지 않습니다.**
왼팔은 내린 상태인 탓에 안쪽으로 구부리게 되면 힘이 너무 들어간 인상이 되고 맙니다.

〔손목을 구부린 예〕 〔손목을 구부리지 않은 예〕

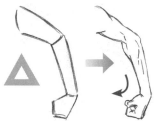 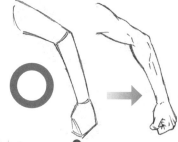

《모색❸ 오른발》

이 예제에서 **발목은 굳이 구부리지 않기로 했습니다.** 내딛는 다리는 발목을 구부려 발끝을 올리면, 얼핏 약동적으로 보입니다. 그러나 「**다리를 앞으로 내딛는다=그 발로 체중을 옮기려고 한다**」이므로, 자세히 보면 어색하고 힘든 포즈가 되고 마는 것입니다.

〔발목을 구부린 예〕

〔구부리지 않은 예〕

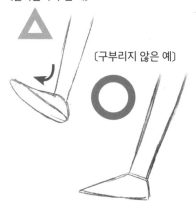

**Check!**

아래의 그림처럼 발끝만 위로 올린 표현도 가능하지만, 이번에는 바닥이 평평한 신발을 생각했으므로, 발끝을 올리지 않는 편이 자연스러운 움직임이 됩니다.

발끝만 올리는 표현도 있다

**04**

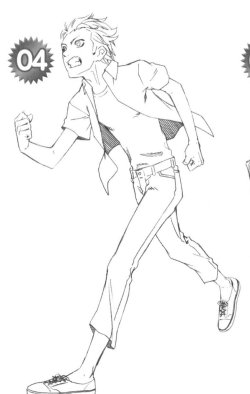

모색을 하면서 포즈가 거의 정해졌으므로, 세세한 수정을 하면서 선을 정리합니다.

**05**

**완성**

지면을 박차는 오른쪽 다리의 무릎 아래는 **아웃라인만으로 간략하게 그리고**, 음영을 넣었습니다.

앞으로 내딛은 왼발은 신발을 군데군데 생략한 형태로 속도감을 표현합니다.

《달리면서 점프》

아래의 그림처럼 직선인 액션 라인을 사용하는 것도 가능하지만, 약동감이 약합니다. 슬래시형 액션 라인을 사용해 비트는 요소가 더해지며 약동감을 더욱 강조합니다.

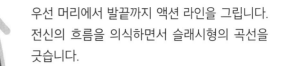

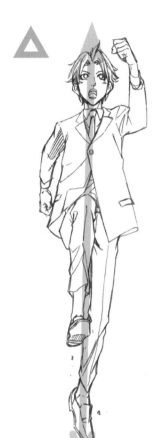

△

**01**

우선 머리에서 발끝까지 액션 라인을 그립니다. 전신의 흐름을 의식하면서 슬래시형의 곡선을 긋습니다.

**02**

비틀림

비틀림

상반신은 오른쪽 방향, 하반신은 왼쪽 방향이 되도록 머리에서 왼쪽 다리까지의 형태를 그리고, 오른쪽 다리와 두 팔의 형태를 넣습니다.

**03**

형태를 디테일하게 그리고, 손발 등의 형태를 묘사합니다.

## Point!!

정장을 입었으므로 드러나지 않는 부분의 근육을 굳이 그릴 필요는 없지만, 왼팔은 앞으로, 오른팔은 뒤로 향한 것처럼 원근감에 주의하면서 그립니다.

## Check!

포즈에 **비튼 부분**(95페이지 참조)을 더하면, 금방이라도 움직일 것 같은 느낌이 듭니다. 이번에는 **오른쪽 다리를 과감하게 왼쪽 위로 들어 올리고, 상반신을 오른쪽으로, 하반신을 왼쪽으로 트는 것**이 포인트입니다.

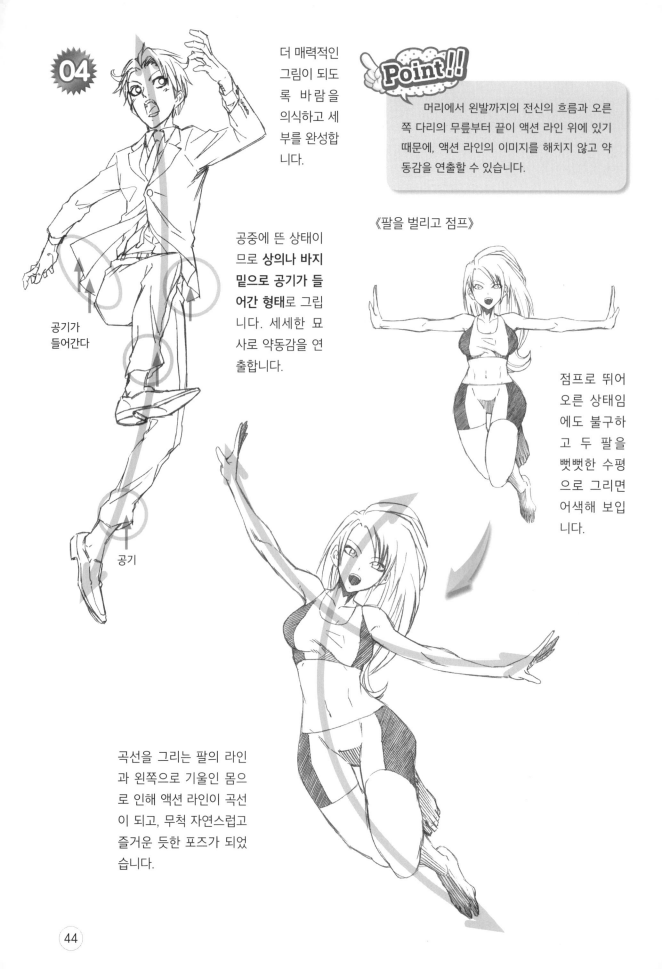

**04**

더 매력적인 그림이 되도록 바람을 의식하고 세부를 완성합니다.

**Point!!**

머리에서 왼발까지의 전신의 흐름과 오른쪽 다리의 무릎부터 끝이 액션 라인 위에 있기 때문에, 액션 라인의 이미지를 해치지 않고 약동감을 연출할 수 있습니다.

공중에 뜬 상태이므로 **상의나 바지 밑으로 공기가 들어간 형태**로 그립니다. 세세한 묘사로 약동감을 연출합니다.

공기가 들어간다

공기

《팔을 벌리고 점프》

점프로 뛰어 오른 상태임에도 불구하고 두 팔을 뻣뻣한 수평으로 그리면 어색해 보입니다.

곡선을 그리는 팔의 라인과 왼쪽으로 기울인 몸으로 인해 액션 라인이 곡선이 되고, 무척 자연스럽고 즐거운 듯한 포즈가 되었습니다.

44

# *08* 격투 포즈의 액션 라인

이번 항목에서는 액션 라인을 적용해, 격투 포즈에 약동감을 연출합니다.

## 준비 포즈

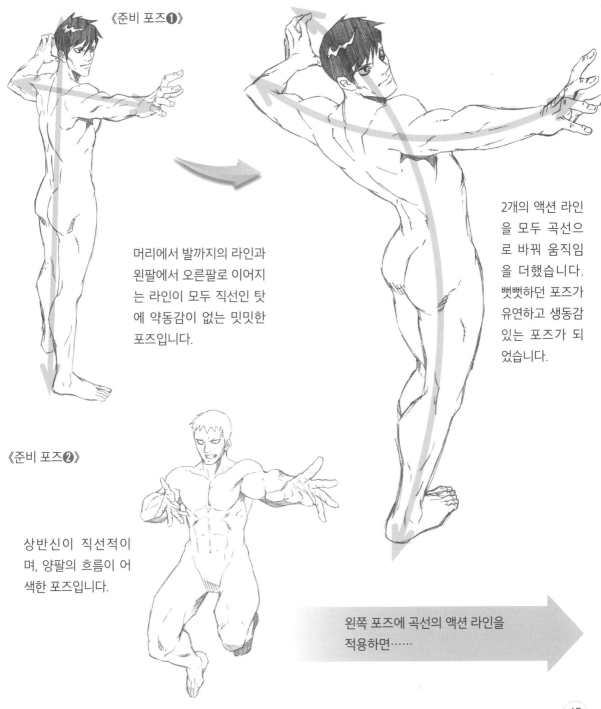

《준비 포즈❶》

머리에서 발까지의 라인과 왼팔에서 오른팔로 이어지는 라인이 모두 직선인 탓에 약동감이 없는 밋밋한 포즈입니다.

2개의 액션 라인을 모두 곡선으로 바꿔 움직임을 더했습니다. 뻣뻣하던 포즈가 유연하고 생동감 있는 포즈가 되었습니다.

《준비 포즈❷》

상반신이 직선적이며, 양팔의 흐름이 어색한 포즈입니다.

왼쪽 포즈에 곡선의 액션 라인을 적용하면……

오른팔에서 왼팔로 이어지는 흐름에 곡선의 액션 라인을 적용함으로써, **원근감이 강해지고, 머리에서 발까지 이어지는 크게 휜 곡선 라인**과 어우러져 박력과 약동감이 있는 구도가 되었습니다.

《검을 잡은 자세》

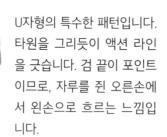

U자형의 특수한 패턴입니다. 타원을 그리듯이 액션 라인을 긋습니다. 검 끝이 포인트이므로, 자루를 쥔 오른손에서 왼손으로 흐르는 느낌입니다.

사브르 자체는 직선이므로, 도신으로 양손을 이어 줍니다.

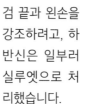

검 끝과 왼손을 강조하려고, 하반신은 일부러 실루엣으로 처리했습니다.

# 타격 포즈

《올라타서 가격》

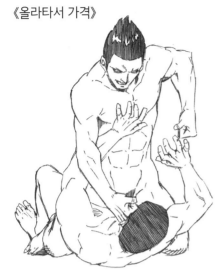

격투기에서 마운트 상태인 경우 흔히 볼 수 있는 구도인데, 왼쪽 그림은 주먹에 체중이 실리지 않아, 움직임이 뻣뻣해 보입니다.

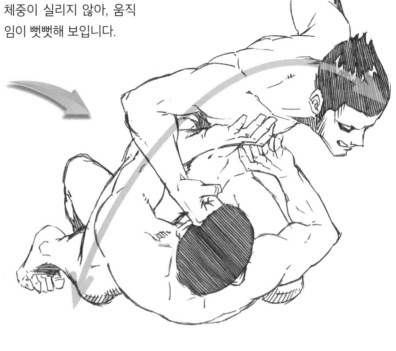

곡선의 액션 라인을 사용하면 오른쪽 그림처럼 상대의 방어를 뚫고 체중이 실린 주먹으로 가격하는 박력 있는 포즈로!

《주먹을 내지른다》

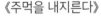

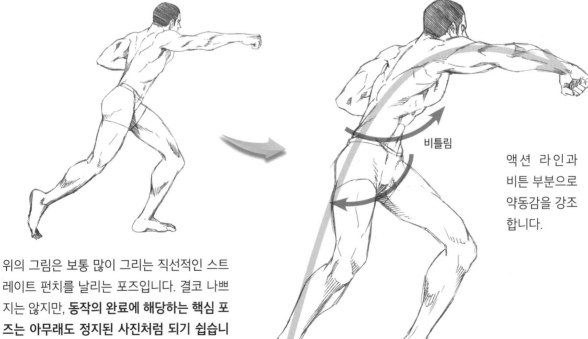

비틀림

액션 라인과 비튼 부분으로 약동감을 강조합니다.

위의 그림은 보통 많이 그리는 직선적인 스트레이트 펀치를 날리는 포즈입니다. 결코 나쁘지는 않지만, **동작의 완료에 해당하는 핵심 포즈는** 아무래도 정지된 사진처럼 되기 쉽습니다.

# 기타 포즈

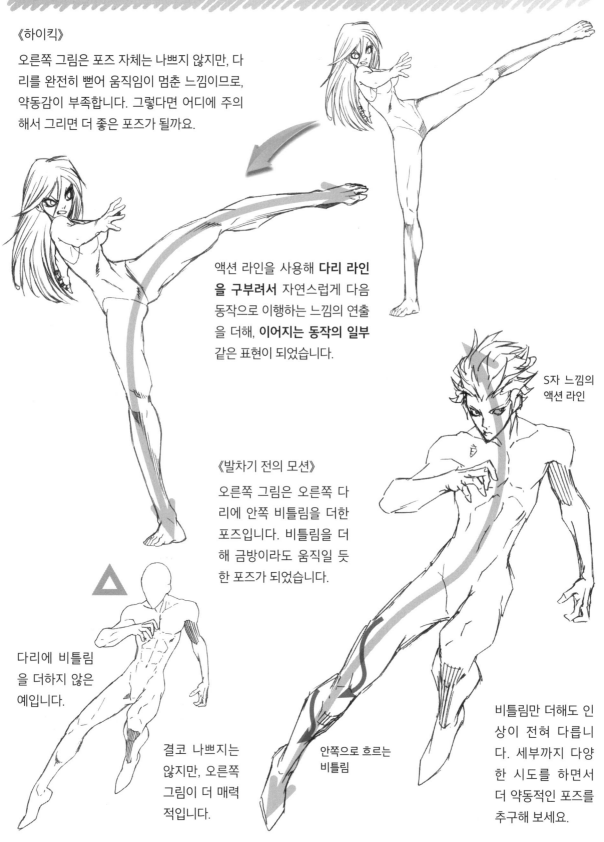

《하이킥》

오른쪽 그림은 포즈 자체는 나쁘지 않지만, 다리를 완전히 뻗어 움직임이 멈춘 느낌이므로, 약동감이 부족합니다. 그렇다면 어디에 주의해서 그리면 더 좋은 포즈가 될까요.

액션 라인을 사용해 **다리 라인을 구부려서** 자연스럽게 다음 동작으로 이행하는 느낌의 연출을 더해, **이어지는 동작의 일부** 같은 표현이 되었습니다.

S자 느낌의 액션 라인

《발차기 전의 모션》

오른쪽 그림은 오른쪽 다리에 안쪽 비틀림을 더한 포즈입니다. 비틀림을 더해 금방이라도 움직일 듯한 포즈가 되었습니다.

다리에 비틀림을 더하지 않은 예입니다.

결코 나쁘지는 않지만, 오른쪽 그림이 더 매력적입니다.

안쪽으로 흐르는 비틀림

비틀림만 더해도 인상이 전혀 다릅니다. 세부까지 다양한 시도를 하면서 더 약동적인 포즈를 추구해 보세요.

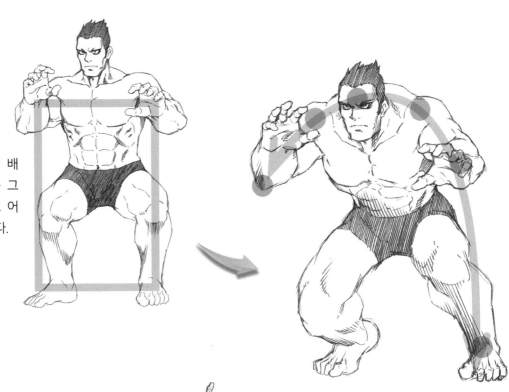

손목과 발목의 배
치가 사각형을 그
리는 뻣뻣하고 어
색한 포즈입니다.

오른쪽 팔꿈치, 오른쪽 어깨, 머
리, 왼쪽 어깨, 왼쪽 팔꿈치, 왼쪽
발목이 곡선의 액션 라인을 지나
도록 배치하면 뻣뻣함은 없어지
고 유연하면서도 강인한 포즈가
됩니다.

《도발한다》

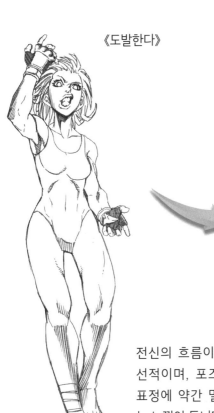

전신의 흐름이 직
선적이며, 포즈가
표정에 약간 밀리
는 느낌이 듭니다.

곡선의 액션 라인을 적용해
박력과 약동감이 강해지고,
표현에 적합한 포즈로! 이것
도 시행착오를 거치면서 직
감적으로 느낌이 오는 답을
찾아보세요.

《앞구르기 낙법의 포즈》

앞으로 몸을 날리는 듯한 느낌으로 액션 라인을 긋습니다.

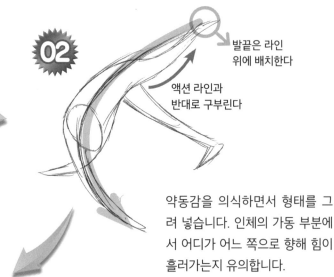

발끝은 라인 위에 배치한다

액션 라인과 반대로 구부린다

약동감을 의식하면서 형태를 그려 넣습니다. 인체의 가동 부분에서 어디가 어느 쪽으로 향해 힘이 흘러가는지 유의합니다.

**03** 인체 구조를 생각하면서 손발의 방향 등 포즈의 세부를 정합니다.

**Point!!**

왼쪽 다리는 무릎 관절의 움직임을 생각해, 액션 라인의 곡선 방향과 반대로 다리를 구부립니다. 단 그 때는 **발끝을 라인 위로 가져갑니다.** 다리 부분은 액션 라인에서 벗어나지만, 발끝을 라인 위에 두었으므로 액션 라인의 이미지를 해치지 않으면서도 제대로 약동감 있는 그림이 되었습니다.

왼손과 오른발의 방향으로 액션 라인과 교차하는 흐름을 만들어 「움직임」을 표현했습니다.

**Point!!**

**무의식적으로 몸의 밸런스를 잡으려는 움직임을** 액션 라인을 활용하는 형태로 표현하면, 자연스럽게 박력 있는 그림을 만들 수 있습니다(자세한 내용은 제2장의 83페이지 이후를 참조).

**04**

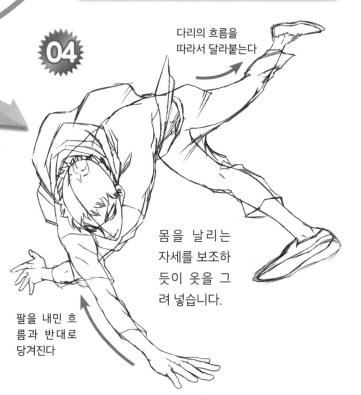

다리의 흐름을 따라서 달라붙는다

몸을 날리는 자세를 보조하듯이 옷을 그려 넣습니다.

팔을 내민 흐름과 반대로 당겨진다

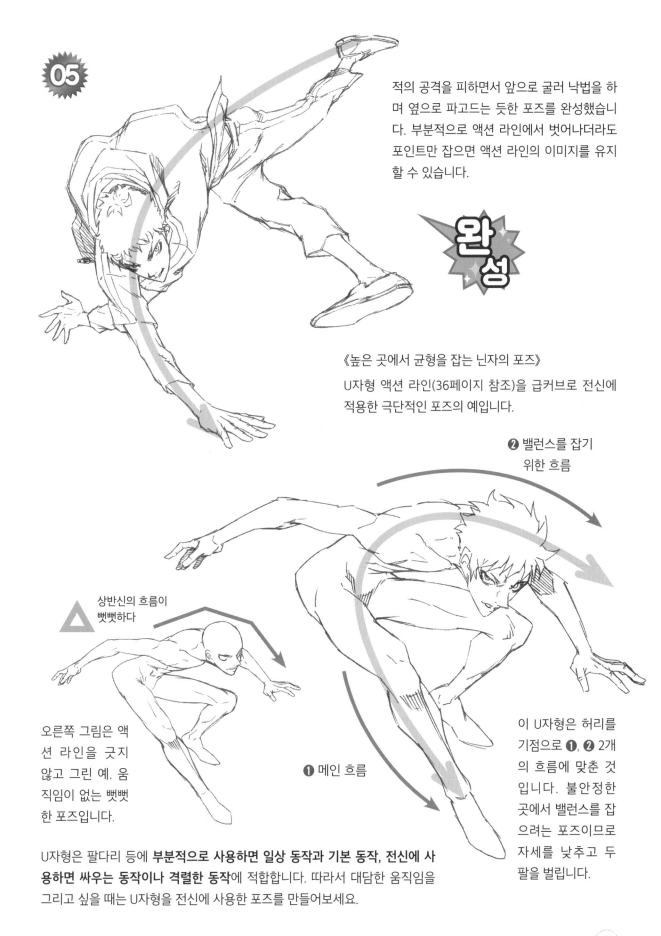

**05**

적의 공격을 피하면서 앞으로 굴러 낙법을 하며 옆으로 파고드는 듯한 포즈를 완성했습니다. 부분적으로 액션 라인에서 벗어나더라도 포인트만 잡으면 액션 라인의 이미지를 유지할 수 있습니다.

**완성**

《높은 곳에서 균형을 잡는 닌자의 포즈》

U자형 액션 라인(36페이지 참조)을 급커브로 전신에 적용한 극단적인 포즈의 예입니다.

❷ 밸런스를 잡기 위한 흐름

▲ 상반신의 흐름이 뻣뻣하다

❶ 메인 흐름

오른쪽 그림은 액션 라인을 긋지 않고 그린 예. 움직임이 없는 뻣뻣한 포즈입니다.

이 U자형은 허리를 기점으로 ❶, ❷ 2개의 흐름에 맞춘 것입니다. 불안정한 곳에서 밸런스를 잡으려는 포즈이므로 자세를 낮추고 두 팔을 벌립니다.

U자형은 팔다리 등에 **부분적으로 사용하면 일상 동작과 기본 동작, 전신에 사용하면 싸우는 동작이나 격렬한 동작**에 적합합니다. 따라서 대담한 움직임을 그리고 싶을 때는 U자형을 전신에 사용한 포즈를 만들어보세요.

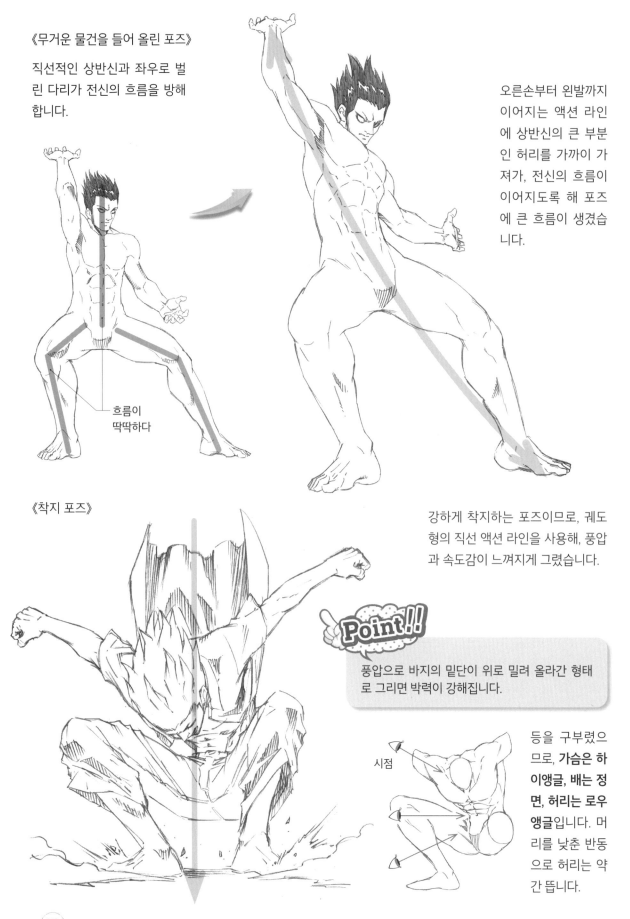

《무거운 물건을 들어 올린 포즈》

직선적인 상반신과 좌우로 벌린 다리가 전신의 흐름을 방해합니다.

흐름이 딱딱하다

오른손부터 왼발까지 이어지는 액션 라인에 상반신의 큰 부분인 허리를 가까이 가져가, 전신의 흐름이 이어지도록 해 포즈에 큰 흐름이 생겼습니다.

《착지 포즈》

강하게 착지하는 포즈이므로, 궤도형의 직선 액션 라인을 사용해, 풍압과 속도감이 느껴지게 그렸습니다.

Point!!

풍압으로 바지의 밑단이 위로 밀려 올라간 형태로 그리면 박력이 강해집니다.

시점

등을 구부렸으므로, **가슴은 하이앵글, 배는 정면, 허리는 로우앵글**입니다. 머리를 낮춘 반동으로 허리는 약간 뜹니다.

# 액션 라인의 응용

제2장에서는 주로 몸의 움직임, 흐름을 여러 개의 액션 라인으로 그리는 법과 일부러 밸런스를 무너뜨려, 보는 사람의 뇌가 다음 동작을 예측하게 만드는 테크닉 등, 액션 라인의 응용에 대해서 설명합니다.

몸을 비튼 다이내믹한 포즈와 감정 표현에 알맞은 동작에도 도전하면서 액션 라인을 마스터하겠습니다.

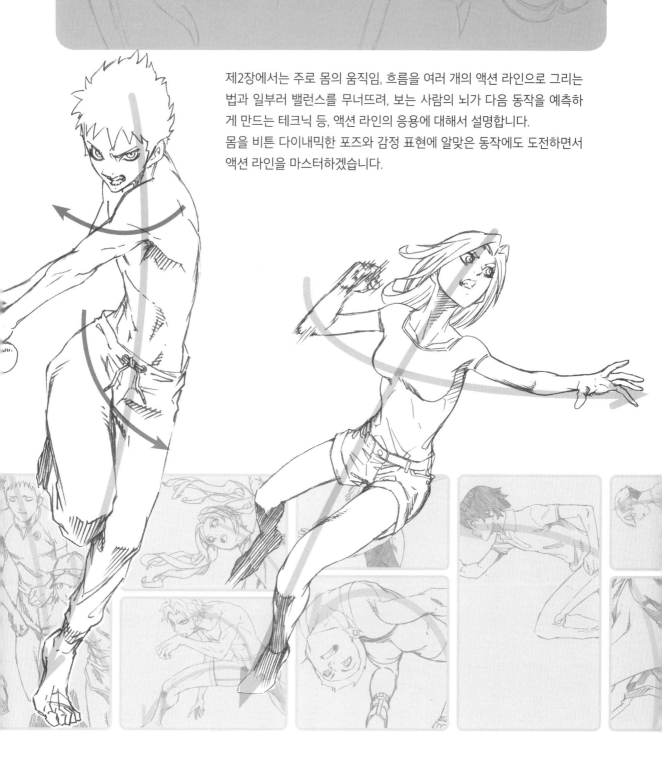

# *01* 액션 라인을 조합한다

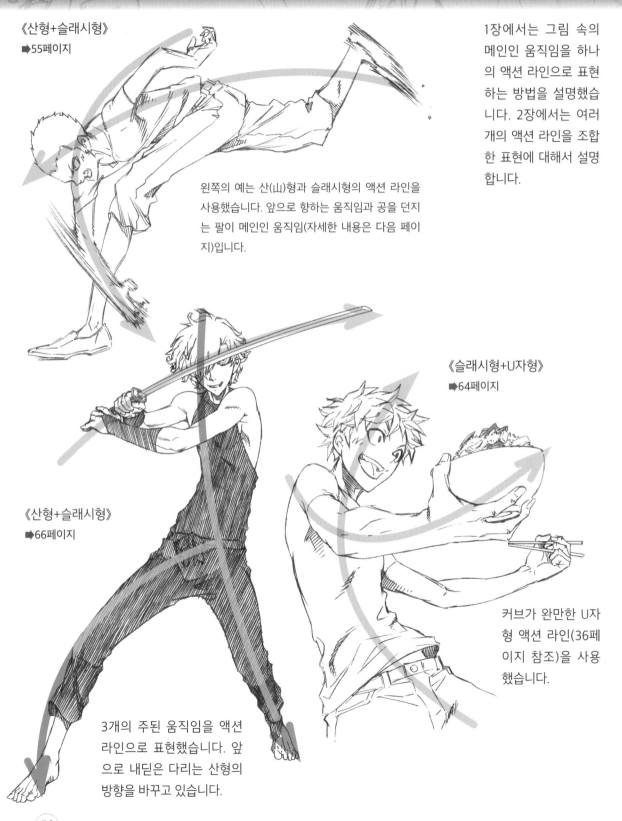

《산형+슬래시형》
➡55페이지

1장에서는 그림 속의 메인인 움직임을 하나의 액션 라인으로 표현하는 방법을 설명했습니다. 2장에서는 여러 개의 액션 라인을 조합한 표현에 대해서 설명합니다.

왼쪽의 예는 산(山)형과 슬래시형의 액션 라인을 사용했습니다. 앞으로 향하는 움직임과 공을 던지는 팔이 메인인 움직임(자세한 내용은 다음 페이지)입니다.

《슬래시형+U자형》
➡64페이지

《산형+슬래시형》
➡66페이지

커브가 완만한 U자형 액션 라인(36페이지 참조)을 사용했습니다.

3개의 주된 움직임을 액션 라인으로 표현했습니다. 앞으로 내딛은 다리는 산형의 방향을 바꾸고 있습니다.

# 액션 라인을 조합한 예①

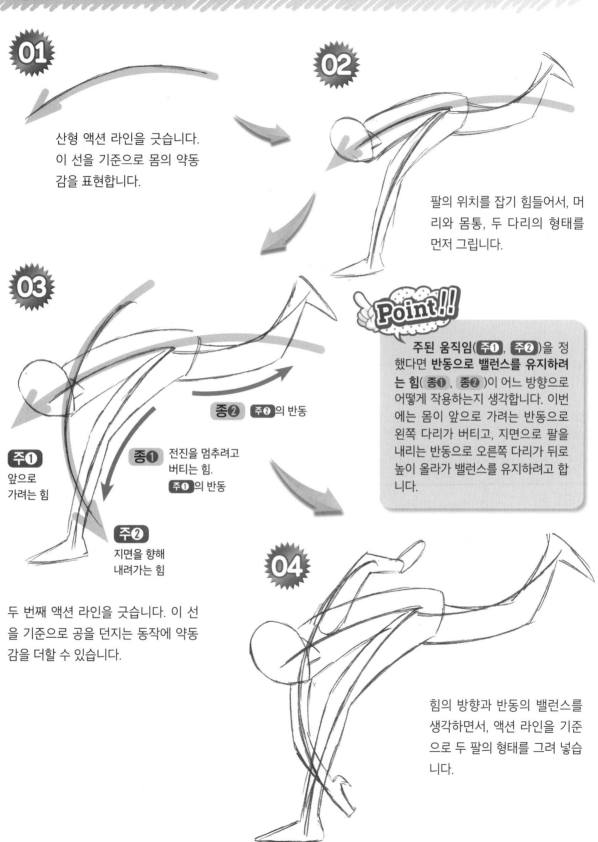

**01** 산형 액션 라인을 긋습니다. 이 선을 기준으로 몸의 약동 감을 표현합니다.

**02** 팔의 위치를 잡기 힘들어서, 머리와 몸통, 두 다리의 형태를 먼저 그립니다.

**03**

종❷ 주❷의 반동

주❶ 앞으로 가려는 힘

종❶ 전진을 멈추려고 버티는 힘. 주❶의 반동

주❷ 지면을 향해 내려가는 힘

## Point!!

주된 움직임(주❶, 주❷)을 정했다면 **반동으로 밸런스를 유지하려는 힘**( 종❶ , 종❷ )이 어느 방향으로 어떻게 작용하는지 생각합니다. 이번에는 몸이 앞으로 가려는 반동으로 왼쪽 다리가 버티고, 지면으로 팔을 내리는 반동으로 오른쪽 다리가 뒤로 높이 올라가 밸런스를 유지하려고 합니다.

두 번째 액션 라인을 긋습니다. 이 선을 기준으로 공을 던지는 동작에 약동감을 더할 수 있습니다.

**04** 힘의 방향과 반동의 밸런스를 생각하면서, 액션 라인을 기준으로 두 팔의 형태를 그려 넣습니다.

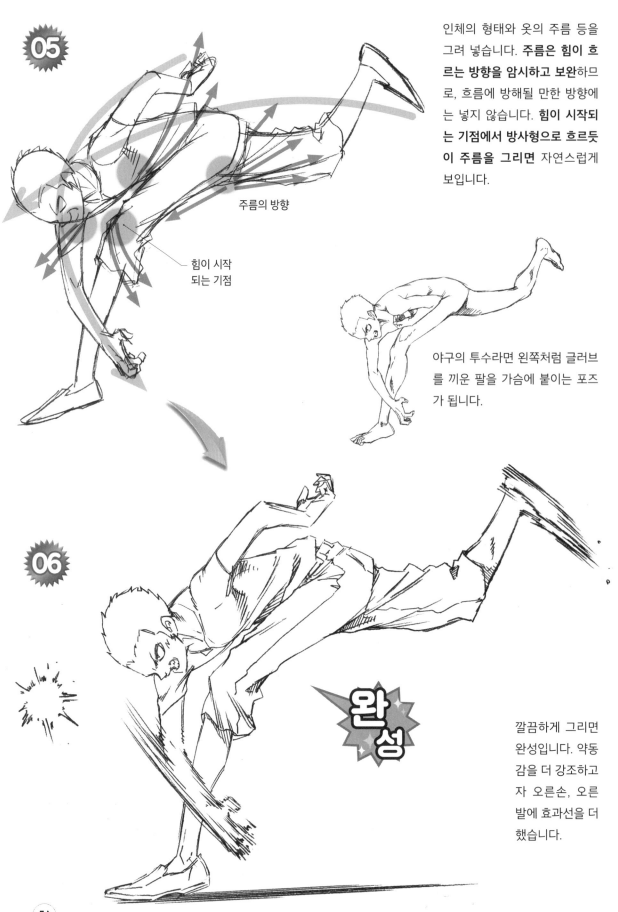

**05**

주름의 방향

힘이 시작
되는 기점

인체의 형태와 옷의 주름 등을
그려 넣습니다. **주름은 힘이 흐
르는 방향을 암시하고 보완**하므
로, 흐름에 방해될 만한 방향에
는 넣지 않습니다. **힘이 시작되
는 기점에서 방사형으로 흐르듯
이 주름을 그리면** 자연스럽게
보입니다.

야구의 투수라면 왼쪽처럼 글러브
를 끼운 팔을 가슴에 붙이는 포즈
가 됩니다.

**06**

완성

깔끔하게 그리면
완성입니다. 약동
감을 더 강조하고
자 오른손, 오른
발에 효과선을 더
했습니다.

# 액션 라인을 조합한 예②

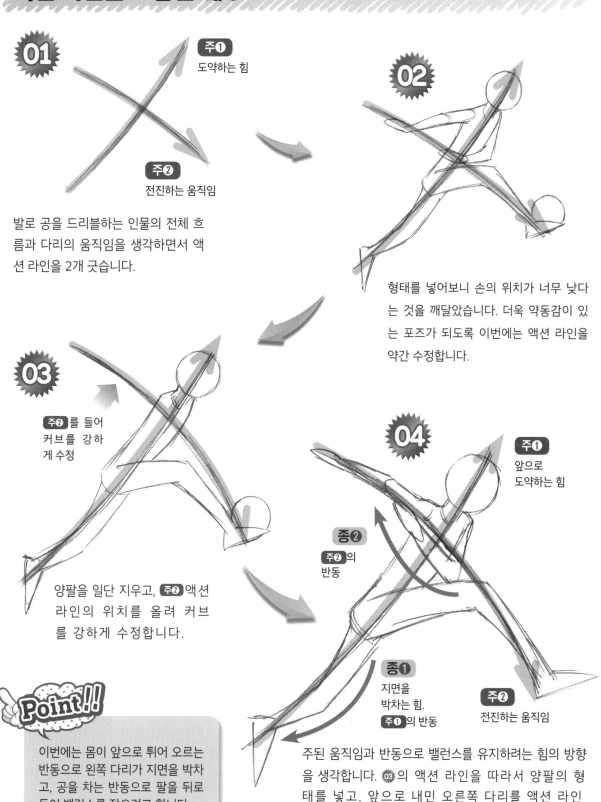

**01**

주① 도약하는 힘

주② 전진하는 움직임

발로 공을 드리블하는 인물의 전체 흐름과 다리의 움직임을 생각하면서 액션 라인을 2개 긋습니다.

**02**

형태를 넣어보니 손의 위치가 너무 낮다는 것을 깨달았습니다. 더욱 약동감이 있는 포즈가 되도록 이번에는 액션 라인을 약간 수정합니다.

**03**

주②를 들어 커브를 강하게 수정

양팔을 일단 지우고, 주② 액션 라인의 위치를 올려 커브를 강하게 수정합니다.

**04**

주① 앞으로 도약하는 힘

종② 주②의 반동

종① 지면을 박차는 힘. 주①의 반동

주② 전진하는 움직임

주된 움직임과 반동으로 밸런스를 유지하려는 힘의 방향을 생각합니다. 03의 액션 라인을 따라서 양팔의 형태를 넣고, 앞으로 내민 오른쪽 다리를 액션 라인에 더 가깝게 가져가 보았습니다.

**Point!!**

이번에는 몸이 앞으로 튀어 오르는 반동으로 왼쪽 다리가 지면을 박차고, 공을 차는 반동으로 팔을 뒤로 들어 밸런스를 잡으려고 합니다.

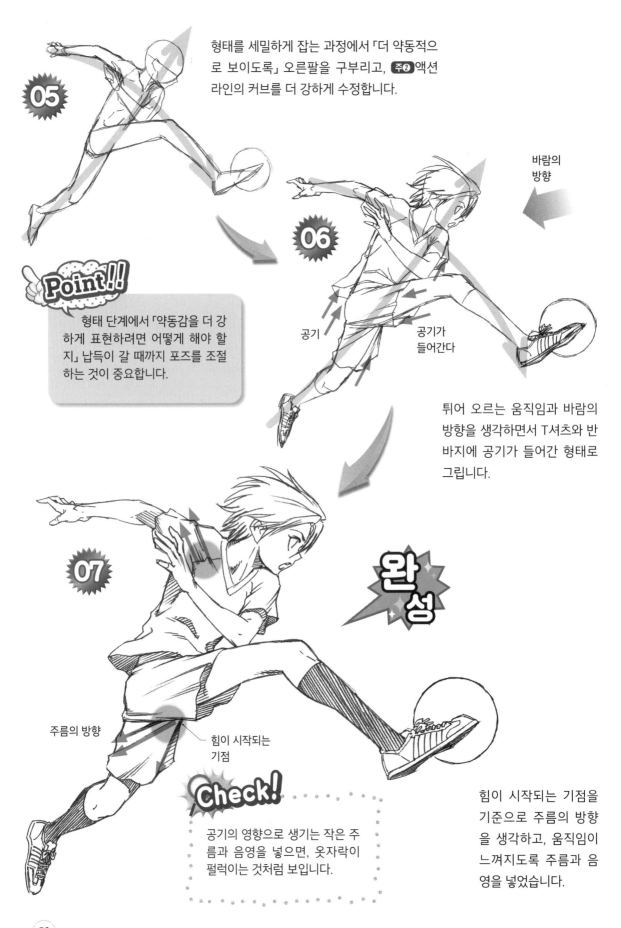

형태를 세밀하게 잡는 과정에서 「더 약동적으로 보이도록」 오른팔을 구부리고, 주② 액션 라인의 커브를 더 강하게 수정합니다.

05

바람의 방향

06

공기

공기가 들어간다

## Point!!

형태 단계에서 「약동감을 더 강하게 표현하려면 어떻게 해야 할지」 납득이 갈 때까지 포즈를 조절하는 것이 중요합니다.

튀어 오르는 움직임과 바람의 방향을 생각하면서 T셔츠와 반바지에 공기가 들어간 형태로 그립니다.

07

완성

주름의 방향

힘이 시작되는 기점

## Check!

공기의 영향으로 생기는 작은 주름과 음영을 넣으면, 옷자락이 펄럭이는 것처럼 보입니다.

힘이 시작되는 기점을 기준으로 주름의 방향을 생각하고, 움직임이 느껴지도록 주름과 음영을 넣었습니다.

# 실제 작화❷ 여러 개의 액션 라인부터 그린다

여러 개의 액션 라인을 바탕으로 그리는 실제 작화 과정입니다.
이번에는 2개의 액션 라인을 조합합니다.

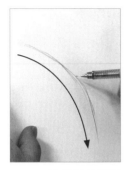

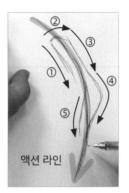

액션 라인

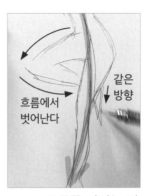

흐름에서
벗어난다

같은
방향

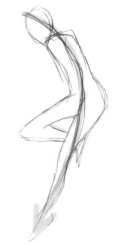

**01.** 몸의 액션 라인 (첫 번째)을 긋는 것으로 시작합니다.

**02.** 양쪽 어깨에서 왼발까지를 라인을 따라 배치합니다.

**03.** 오른쪽 다리는 라인의 흐름에서 벗어나게 하고, 발끝만 같은 방향으로.

**04.** 라인을 목이라고 생각하고 머리를 목에 올리듯이 그렸습니다.

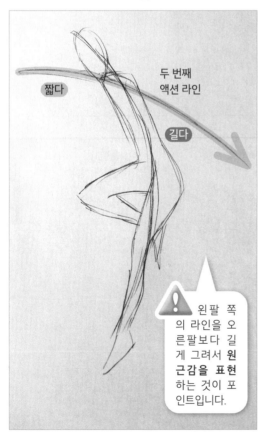

짧다

두 번째
액션 라인

길다

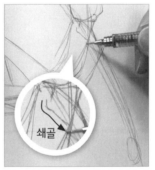

쇄골

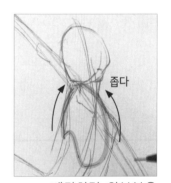

좁다

**06.** 팔의 흐름을 따라서 형태를 넣고, 쇄골을 선으로 표현합니다.

**07.** 계란처럼 윗부분을 약간 좁게 하여 늑골의 형태를 잡았습니다.

⚠ 왼팔 쪽의 라인을 오른팔보다 길게 그려서 **원근감을 표현**하는 것이 포인트입니다.

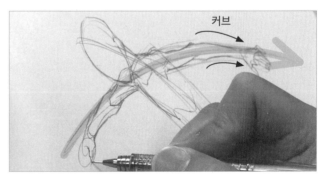

커브

**05.** 두 번째 액션 라인은 양쪽 어깨를 잇는 형태로 그어 팔의 흐름을 만듭니다.

**08.** 최대한 라인을 따라 완만한 곡선으로 과장하면서, 팔과 손, 어깨를 그려 넣습니다.

**09.** 하반신도 완만한 커브로 과장.

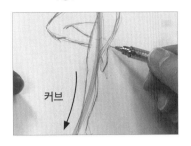

커브

**10.** 07.에서 그린 늑골의 위치를 기준으로 잡으면 유방을 그리기 쉽고, 상반신이 역삼각형이 되기 어렵습니다.

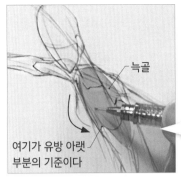

늑골

여기가 유방 아랫부분의 기준이다

⚠️ 「상반신이 역삼각형=가슴이 넓은 남성다운 투박한 체형」이 되고 맙니다. 날렵한 몸을 표현하려고 **늑골의 위치를 먼저 잡습니다.**

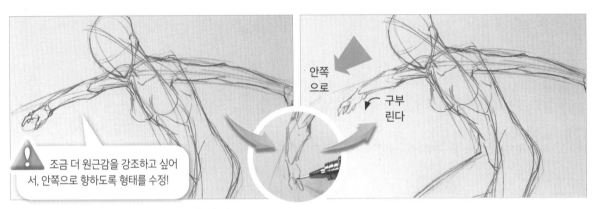

안쪽으로

구부린다

⚠️ 조금 더 원근감을 강조하고 싶어서, 안쪽으로 향하도록 형태를 수정!

**11.** 안쪽의 팔(오른팔)을 약간 짧게, 아래 팔의 손목 쪽을 더 가늘게 수정해 원근감을 강조했습니다. 손목을 약간 구부려 두 번째 액션 라인의 커브도 강하게 조절합니다.

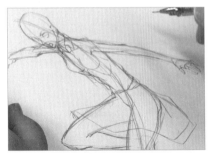

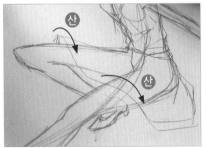

산

산

**12.** 허벅지가 양쪽 모두 앞으로 나와 있으므로, 그 부분은 스커트 라인이 산이 되도록 그립니다.

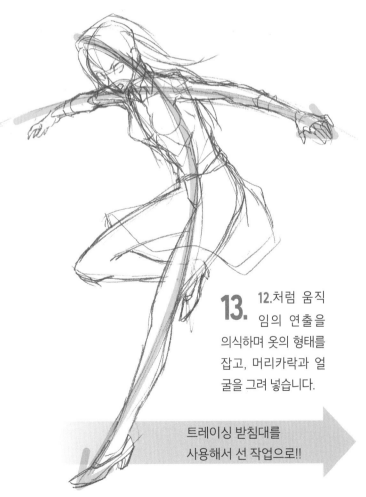

**13.** 12.처럼 움직임의 연출을 의식하며 옷의 형태를 잡고, 머리카락과 얼굴을 그려 넣습니다.

트레이싱 받침대를 사용해서 선 작업으로!!

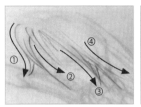
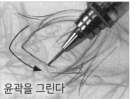

윤곽을 그린다

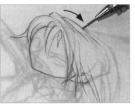

먼저
머리를
그린다

**14.** 선을 약간 수정하면서 머리카락의 작화를 어느 정도 진행했다면, 뒷머리는 아직 그리지 말고 얼굴 작화를 먼저 진행합니다. 뒷머리는 상반신으로 가려지는 부분이 많아, 나중에 그리는 편이 더 수월하기 때문입니다.

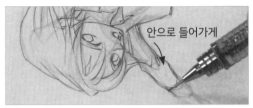

안으로 들어가게

**15.** 위팔보다 아래팔이 더 안쪽이므로 위팔에서 시작된 주름을 아래팔 안으로 밀어 넣습니다.

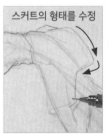

스커트의 형태를 수정

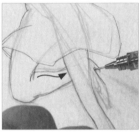

**16.** 몸의 말단(손과 발)으로 갈수록 수정의 여지가 있으므로, 객관적으로 확인합니다.

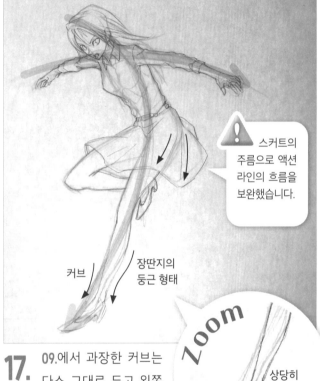

⚠ 스커트의 주름으로 액션 라인의 흐름을 보완했습니다.

커브

장딴지의 둥근 형태

Zoom

상당히 수정한 것을 알 수 있다

**17.** **09.**에서 과장한 커브는 다소 그대로 두고 왼쪽 다리를 상당히 수정했습니다.

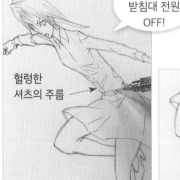

트레이싱 받침대 전원 OFF!

헐렁한 셔츠의 주름

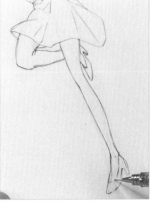

**18.** 셔츠 주름과 구두 등,**14.**~**17.**에서는 알지 못했던 디테일을 다시 그리거나 수정합니다.

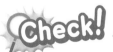
*Check!*

인체 구조의 정확함을 충실하게 쫓는 것이 아니라 **액션 라인의 흐름과 드러난 움직임을 우선해, 인체에 다소 데포르메를 더하는 것이** 포인트입니다.

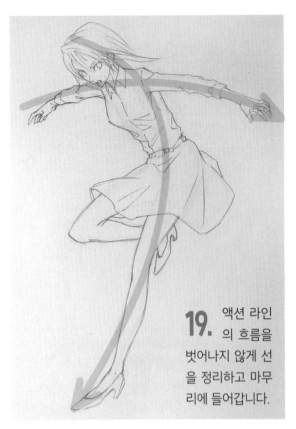

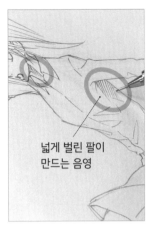

**20.** 최소한의 음영을 넣습니다. 목과 겨드랑이 등, 위에서 들어오는 빛을 가로막는 부분을 생각합니다.

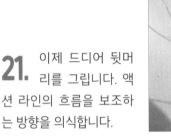

넓게 벌린 팔이 만드는 음영

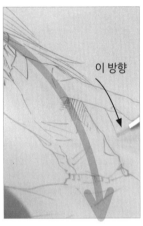

이 방향

**19.** 액션 라인의 흐름을 벗어나지 않게 선을 정리하고 마무리에 들어갑니다.

**21.** 이제 드디어 뒷머리를 그립니다. 액션 라인의 흐름을 보조하는 방향을 의식합니다.

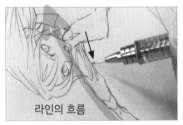

라인의 흐름

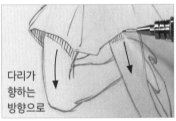

다리가 향하는 방향으로

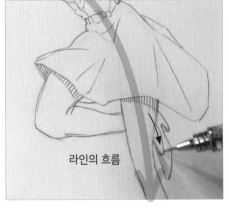

라인의 흐름

**22.** 오른팔과 오른발 끝의 음영은 액션 라임의 흐름과 동일한 사선으로 넣습니다. 허벅지의 음영을 선으로 가볍게 둘러싸고, 일부러 다리가 뻗는 방향으로 삐져나오는 사선을 넣습니다.

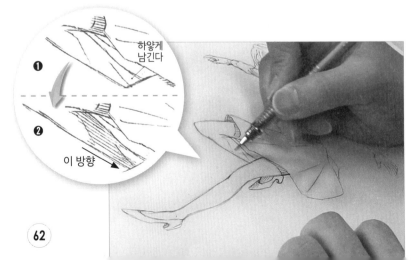

❶ 하얗게 남긴다

❷ 이 방향

**23.** 오른쪽 정강이의 음영도 다리가 향하는 방향으로 사선을 넣습니다. 발목 쪽은 일부러 음영을 넣지 않고 하얗게 남겨두었습니다.

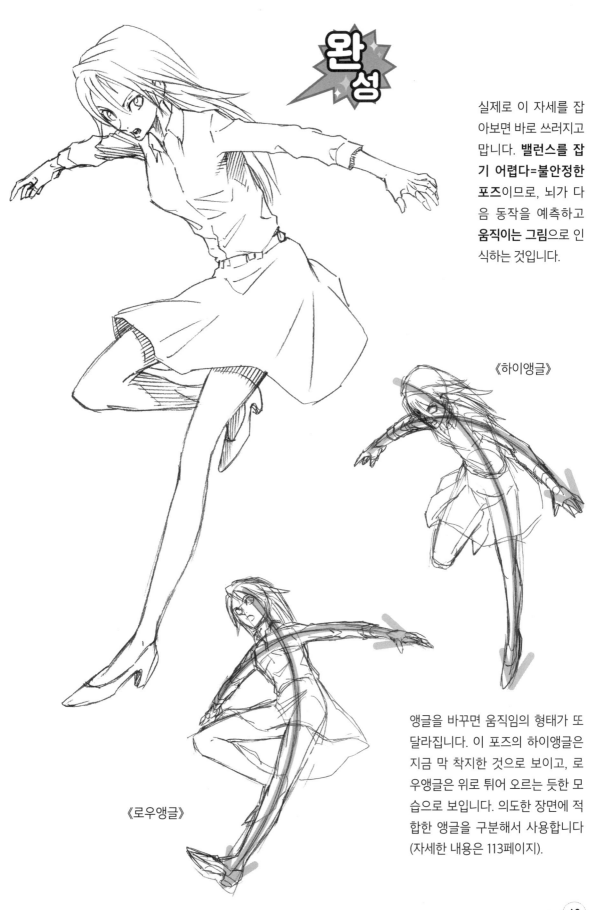

완성

실제로 이 자세를 잡아보면 바로 쓰러지고 맙니다. **밸런스를 잡기 어렵다=불안정한 포즈**이므로, 뇌가 다음 동작을 예측하고 **움직이는 그림**으로 인식하는 것입니다.

《하이앵글》

《로우앵글》

앵글을 바꾸면 움직임의 형태가 또 달라집니다. 이 포즈의 하이앵글은 지금 막 착지한 것으로 보이고, 로우앵글은 위로 튀어 오르는 듯한 모습으로 보입니다. 의도한 장면에 적합한 앵글을 구분해서 사용합니다 (자세한 내용은 113페이지).

# 액션 라인을 조합한 예③

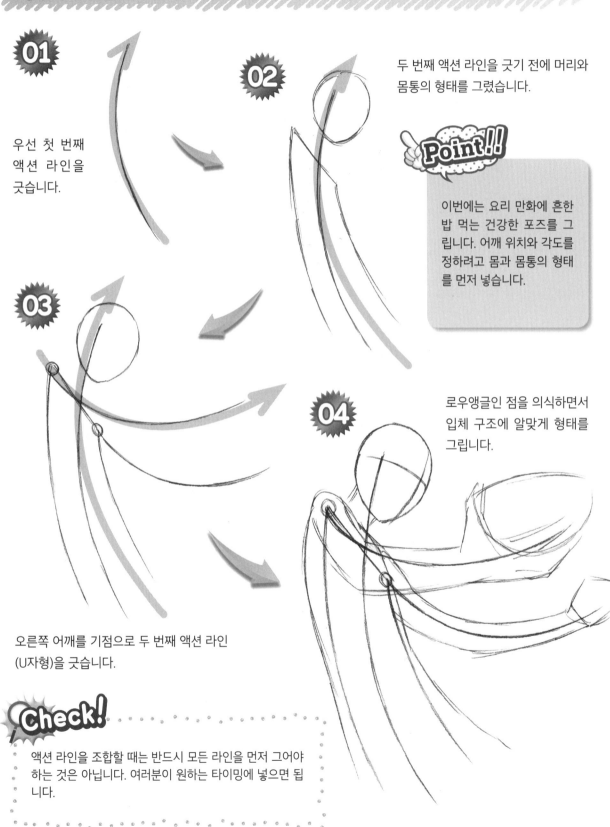

**01**

우선 첫 번째 액션 라인을 긋습니다.

**02**

두 번째 액션 라인을 긋기 전에 머리와 몸통의 형태를 그렸습니다.

**Point!!**

이번에는 요리 만화에 흔한 밥 먹는 건강한 포즈를 그립니다. 어깨 위치와 각도를 정하려고 몸과 몸통의 형태를 먼저 넣습니다.

**03**

**04**

로우앵글인 점을 의식하면서 입체 구조에 알맞게 형태를 그립니다.

오른쪽 어깨를 기점으로 두 번째 액션 라인 (U자형)을 긋습니다.

**Check!**

액션 라인을 조합할 때는 반드시 모든 라인을 먼저 그어야 하는 것은 아닙니다. 여러분이 원하는 타이밍에 넣으면 됩니다.

이번에도 움직임이 느껴지는 그림이 되도록 연출을 더합니다. 포인트는 아래의 세 가지입니다.

❶ 손은 그릇에 붙이기만 하는 것이 아니라 **힘이 들어간 것처럼** 그립니다.

❷ 그릇을 들고 있는 움직임을 연출하려고 **오른쪽 어깨를 올립니다.** 결과적으로 셔츠도 올라가 배가 보입니다.

❸ **왼쪽 어깨를 내리고 팔을 바깥쪽에서부터 휘어진 형태로** 젓가락을 쥔 순간을 표현합니다.

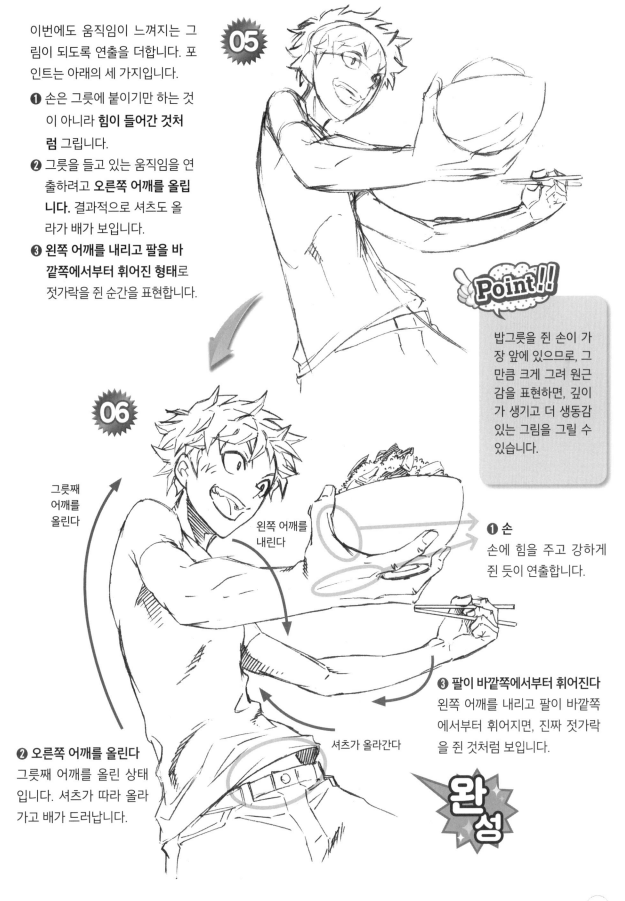

05

06

그릇째 어깨를 올린다

왼쪽 어깨를 내린다

셔츠가 올라간다

**Point!!**

밥그릇을 쥔 손이 가장 앞에 있으므로, 그만큼 크게 그려 원근감을 표현하면, 깊이가 생기고 더 생동감 있는 그림을 그릴 수 있습니다.

❶ 손
손에 힘을 주고 강하게 쥔 듯이 연출합니다.

❸ 팔이 바깥쪽에서부터 휘어진다
왼쪽 어깨를 내리고 팔이 바깥쪽에서부터 휘어지면, 진짜 젓가락을 쥔 것처럼 보입니다.

❷ 오른쪽 어깨를 올린다
그릇째 어깨를 올린 상태입니다. 셔츠가 따라 올라가고 배가 드러납니다.

완성

# 액션 라인을 조합한 예④

다음은 3개의 액션 라인을 이용한 예를 살펴보겠습니다.

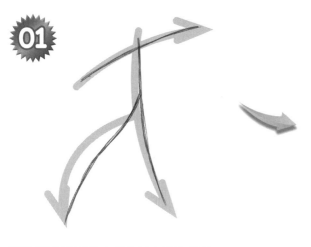

**01**

검을 옆으로 잡은 느낌으로 3개의 액션 라인을 긋습니다.

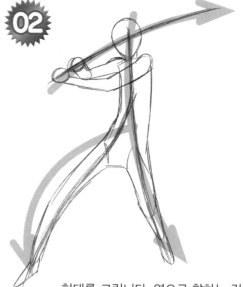

**02**

형태를 그립니다. 옆으로 향하는 검의 라인은 눈 부근으로 설정했습니다.

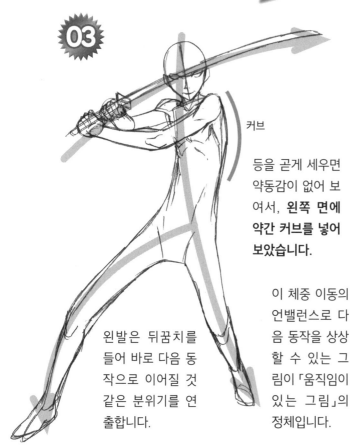

**03**

커브

등을 곧게 세우면 약동감이 없어 보여서, **왼쪽 면에 약간 커브를 넣어 보았습니다.**

이 체중 이동의 언밸런스로 다음 동작을 상상할 수 있는 그림이 「움직임이 있는 그림」의 정체입니다.

왼발은 뒤꿈치를 들어 바로 다음 동작으로 이어질 것 같은 분위기를 연출합니다.

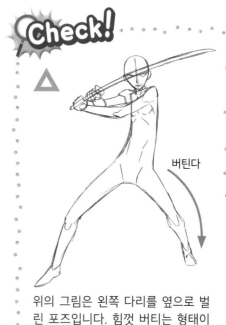

Check!

△

버틴다

위의 그림은 왼쪽 다리를 옆으로 벌린 포즈입니다. 힘껏 버티는 형태이므로 경직된 느낌이 강해져, 이미지에 맞지 않는 포즈가 되었습니다.

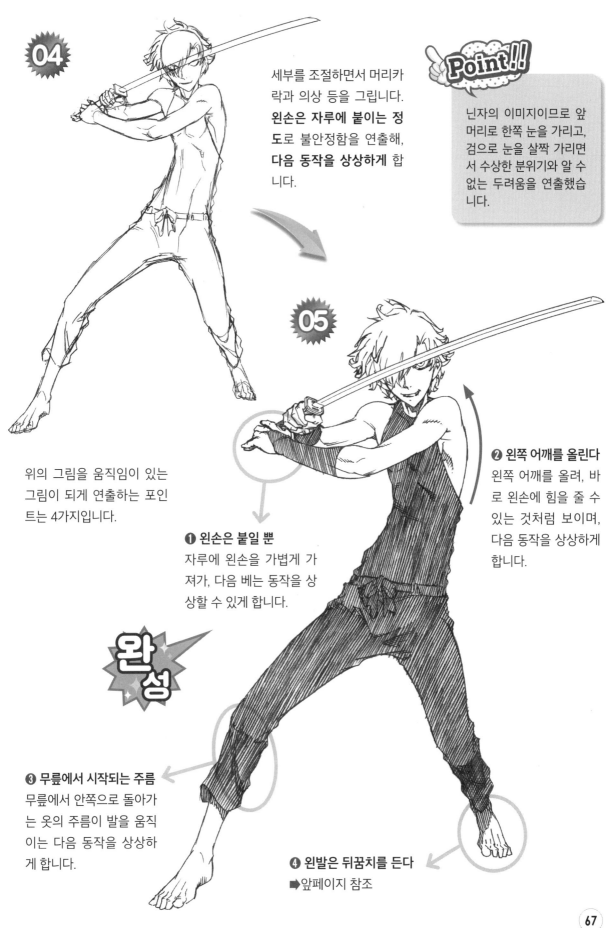

**04**

세부를 조절하면서 머리카락과 의상 등을 그립니다. **왼손은 자루에 붙이는 정도**로 불안정함을 연출해, **다음 동작을 상상하게** 합니다.

**Point!!**

닌자의 이미지이므로 앞머리로 한쪽 눈을 가리고, 검으로 눈을 살짝 가리면서 수상한 분위기와 알 수 없는 두려움을 연출했습니다.

**05**

위의 그림을 움직임이 있는 그림이 되게 연출하는 포인트는 4가지입니다.

**❶ 왼손은 붙일 뿐**
자루에 왼손을 가볍게 가져가, 다음 베는 동작을 상상할 수 있게 합니다.

**완성**

**❷ 왼쪽 어깨를 올린다**
왼쪽 어깨를 올려, 바로 왼손에 힘을 줄 수 있는 것처럼 보이며, 다음 동작을 상상하게 합니다.

**❸ 무릎에서 시작되는 주름**
무릎에서 안쪽으로 돌아가는 옷의 주름이 발을 움직이는 다음 동작을 상상하게 합니다.

**❹ 왼발은 뒤꿈치를 든다**
➡앞페이지 참조

# *02* 액션 라인으로 표현하는 감정적인 동작

액션 라인을 사용하면 풍부한 감정 표현이 가능합니다. 이번 항목에서는 일부러 표정을 그리지 않고, 동작만으로 생동감 넘치는 감정 표현이 가능하다는 것을 보여드리겠습니다.

## 플러스 감정 표현

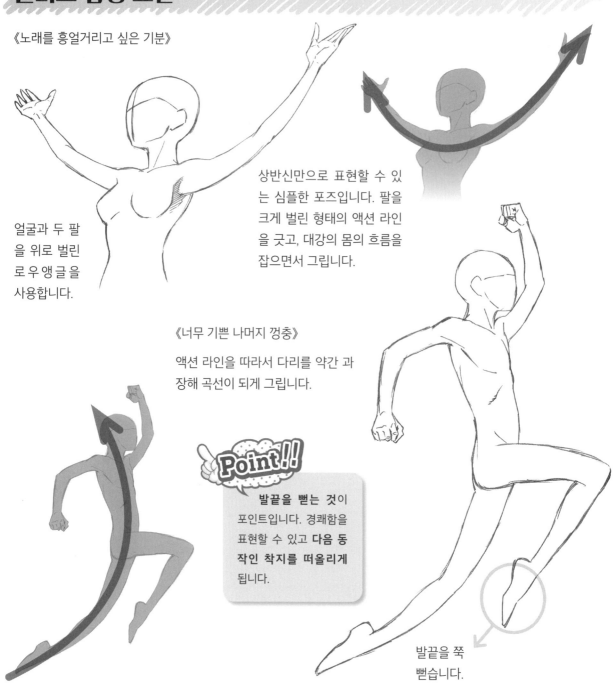

《노래를 흥얼거리고 싶은 기분》

얼굴과 두 팔을 위로 벌린 로우 앵글을 사용합니다.

상반신만으로 표현할 수 있는 심플한 포즈입니다. 팔을 크게 벌린 형태의 액션 라인을 긋고, 대강의 몸의 흐름을 잡으면서 그립니다.

《너무 기쁜 나머지 껑충》

액션 라인을 따라서 다리를 약간 과장해 곡선이 되게 그립니다.

**Point!!**

**발끝을 뻗는 것**이 포인트입니다. 경쾌함을 표현할 수 있고 **다음 동작인 착지를 떠올리게** 됩니다.

발끝을 쭉 뻗습니다.

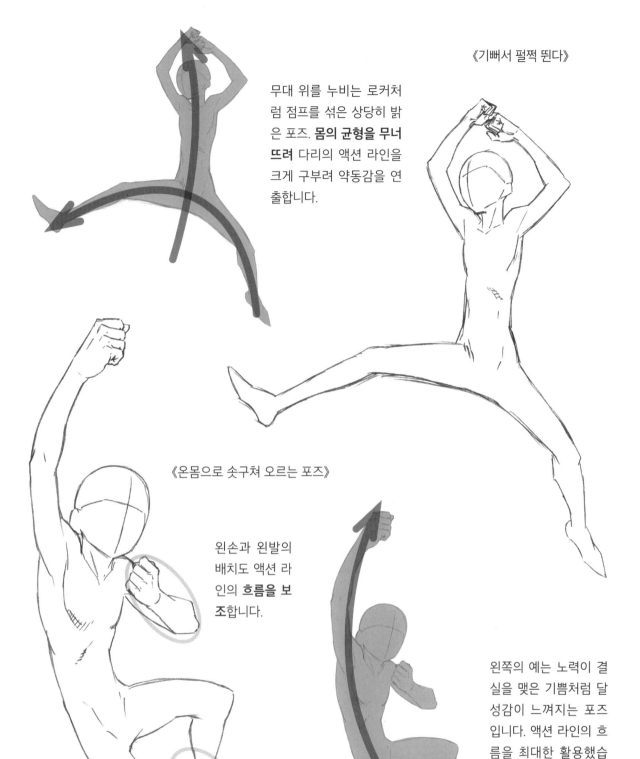

《기뻐서 펄쩍 뛴다》

무대 위를 누비는 로커처럼 점프를 섞은 상당히 밝은 포즈. **몸의 균형을 무너뜨려** 다리의 액션 라인을 크게 구부려 약동감을 연출합니다.

《온몸으로 솟구쳐 오르는 포즈》

왼손과 왼발의 배치도 액션 라인의 **흐름을 보조**합니다.

왼쪽의 예는 노력이 결실을 맺은 기쁨처럼 달성감이 느껴지는 포즈입니다. 액션 라인의 흐름을 최대한 활용했습니다.

《기쁜 만남》

움직임을 과장한, 현실에는 불가능한 만화다운 포즈입니다. 액션 라인을 따라가면서 엉덩이를 더 뒤로 빼서 움직임을 과장하고, 지나치리만큼 기뻐하는 느낌을 연출했습니다.

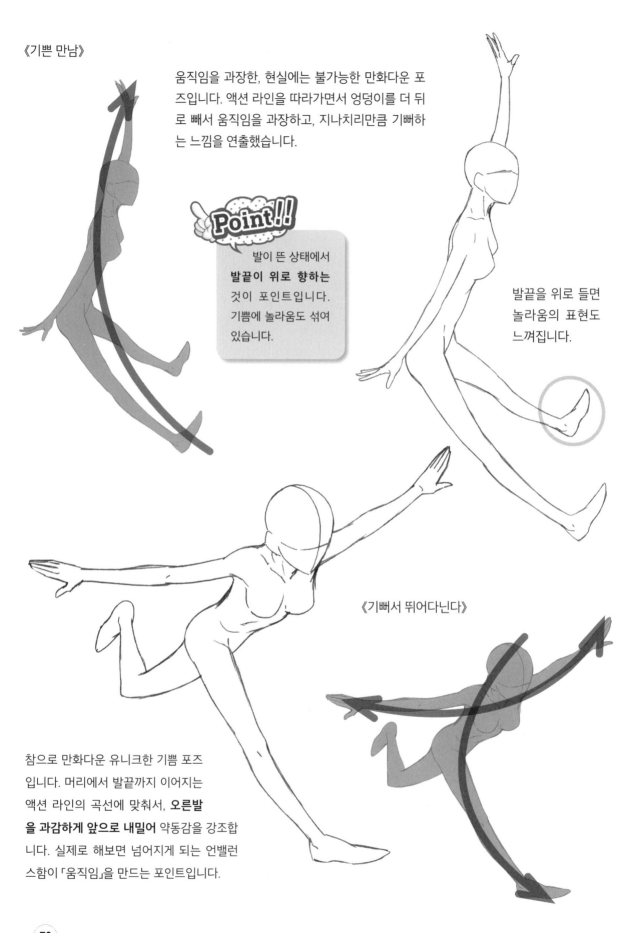

**Point!!**

발이 뜬 상태에서 **발끝이 위로 향하는** 것이 포인트입니다. 기쁨에 놀라움도 섞여 있습니다.

발끝을 위로 들면 놀라움의 표현도 느껴집니다.

《기뻐서 뛰어다닌다》

참으로 만화다운 유니크한 기쁨 포즈입니다. 머리에서 발끝까지 이어지는 액션 라인의 곡선에 맞춰서, **오른발을 과감하게 앞으로 내밀어** 약동감을 강조합니다. 실제로 해보면 넘어지게 되는 언밸런스함이 「움직임」을 만드는 포인트입니다.

# 플러스 감정 표현의 예

슬래시형 액션 라인 2개를 사용해 승리를 뽐내는 포즈를 그립니다.

 형태를 그리면서 포즈를 구상합니다.

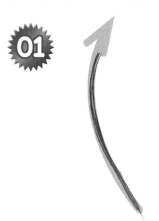

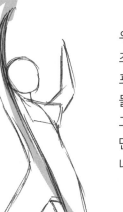

우선 액션 라인에 맞춰서 원하는 포즈의 형태를 그립니다. 승리를 뽐내는 포즈이므로, 팔을 위로 들어 올린 인물의 형태를 그렸습니다.
그러나 라인이 하나뿐이면 움직임이 단조롭고 약동감이 부족하게 느껴집니다.

팔을 올려 기쁨이 폭발하는 느낌의 포즈가 되도록 액션 라인을 긋습니다.

 액션 라인을 하나 더 추가합니다. 먼저 그었던 라인과 교차하는 형태로 슬래시형 액션 라인을 하나 추가했습니다.

 추가한 액션 라인에도 형태를 그립니다.

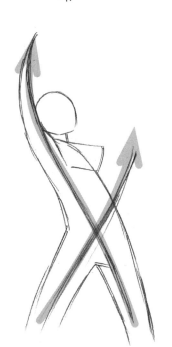

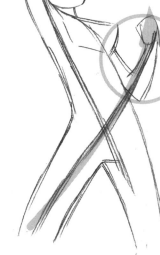

추가한 라인 위에 왼팔을 그렸지만, 아직 포즈가 조금 딱딱해 보입니다.

포즈에 **비튼 부분**(자세한 내용은 95페이지 참조)을 더합니다. 단순하고 경직된 움직임에서 복잡하고 약동감 있는 움직임이 되었으므로, 이번에는 이 포즈로 결정!

 포즈가 정해지면 다음 동작을 연상할 수 있는 포즈가 되도록 의식하며 좀 더 상세한 형태를 그립니다.

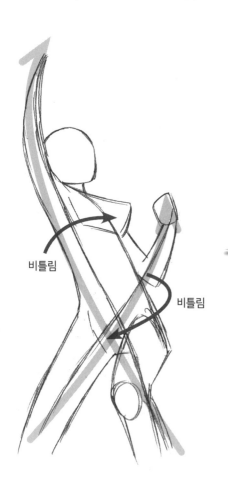

비틀림

비틀림

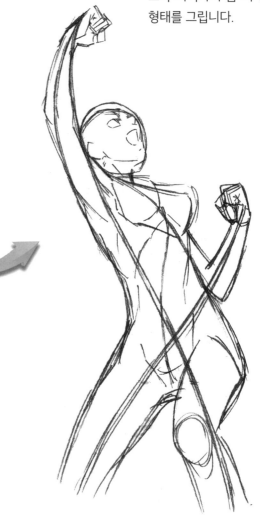

포즈가 좀처럼 정해지지 않을 때는 **원하는 움직임의 「다음 동작」이 연상되는 그림**을 구상합니다. 이번 예제의 「다음 동작」은 오른팔을 한계까지 완전히 뻗고 왼발을 땅에 붙인 동작입니다. 「다음 동작」이 연상되는 그림, 즉 「움직인다고 착각하게 되는 그림」이 임팩트 있는 매력적인 그림이 됩니다.

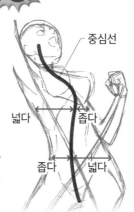

중심선

넓다        좁다

좁다        넓다

머리부터 가랑이로 중심선을 넣고, 몸의 좌우 면적 비율에 주의하면서 그립니다. 상반신은 왼쪽을 향하므로 몸의 왼쪽이 좁고, 하반신은 오른쪽을 향하므로, 몸의 오른쪽이 좁습니다.

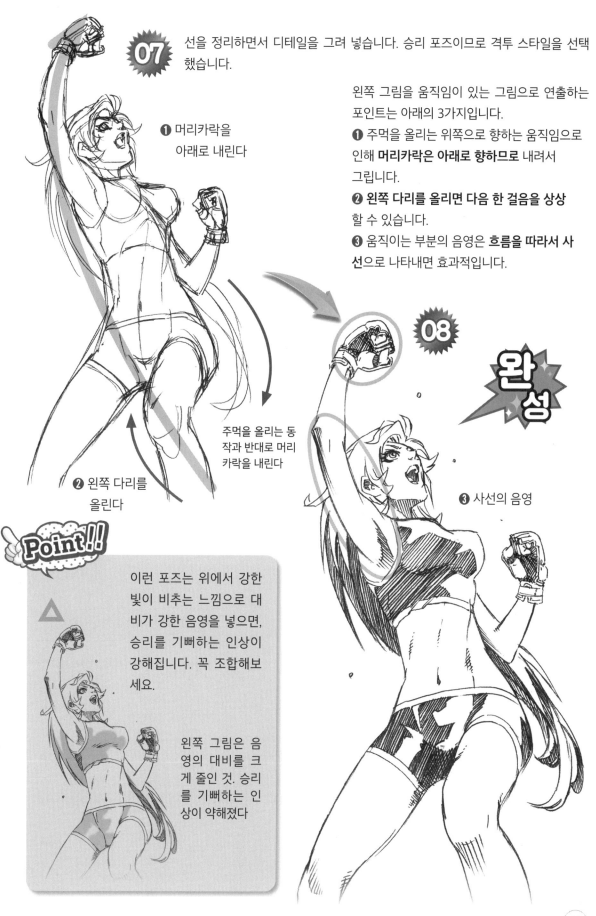

**07** 선을 정리하면서 디테일을 그려 넣습니다. 승리 포즈이므로 격투 스타일을 선택했습니다.

❶ 머리카락을 아래로 내린다

왼쪽 그림을 움직임이 있는 그림으로 연출하는 포인트는 아래의 3가지입니다.
❶ 주먹을 올리는 위쪽으로 향하는 움직임으로 인해 **머리카락은 아래로 향하므로** 내려서 그립니다.
❷ **왼쪽 다리를 올리면 다음 한 걸음을 상상** 할 수 있습니다.
❸ 움직이는 부분의 음영은 **흐름을 따라서 사선**으로 나타내면 효과적입니다.

**08**

**완성**

주먹을 올리는 동작과 반대로 머리카락을 내린다

❷ 왼쪽 다리를 올린다

❸ 사선의 음영

**Point!!**

△

이런 포즈는 위에서 강한 빛이 비추는 느낌으로 대비가 강한 음영을 넣으면, 승리를 기뻐하는 인상이 강해집니다. 꼭 조합해보세요.

왼쪽 그림은 음영의 대비를 크게 줄인 것. 승리를 기뻐하는 인상이 약해졌다

# 마이너스 감정 표현

마이너스 감정 표현은 플러스에 비해 움직임이 없는 표현이라고 생각하기 쉬운데, 액션 라인을 사용해 「움직임」을 표현할 수 있습니다.

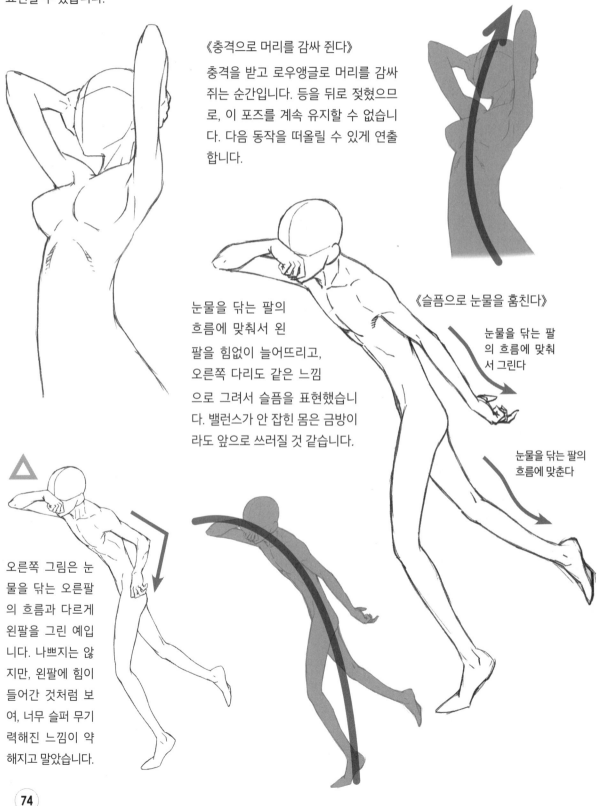

《충격으로 머리를 감싸 쥔다》

충격을 받고 로우앵글로 머리를 감싸 쥐는 순간입니다. 등을 뒤로 젖혔으므로, 이 포즈를 계속 유지할 수 없습니다. 다음 동작을 떠올릴 수 있게 연출합니다.

눈물을 닦는 팔의 흐름에 맞춰서 왼팔을 힘없이 늘어뜨리고, 오른쪽 다리도 같은 느낌으로 그려서 슬픔을 표현했습니다. 밸런스가 안 잡힌 몸은 금방이라도 앞으로 쓰러질 것 같습니다.

《슬픔으로 눈물을 훔친다》

눈물을 닦는 팔의 흐름에 맞춰서 그린다

눈물을 닦는 팔의 흐름에 맞춘다

오른쪽 그림은 눈물을 닦는 오른팔의 흐름과 다르게 왼팔을 그린 예입니다. 나쁘지는 않지만, 왼팔에 힘이 들어간 것처럼 보여, 너무 슬퍼 무기력해진 느낌이 약해지고 말았습니다.

《너무 슬퍼서 하늘을 올려다본다》

감당할 수 없는 슬픔에 무심코 하늘을 올려다보는 포즈
입니다. 이 포즈에 내리는 비를 조합하면 슬픔을 더 강
조할 수 있는 연출이 됩니다.

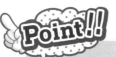

일부러 **발바닥
이 보이게** 그리
면 **체중이 한쪽
에 쏠려** 움직임
이 있는 그림이
됩니다.

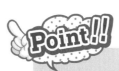

목덜미와 등
을 드러내 비
통함을 연출
합니다.

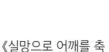

《실망으로 어깨를 축
늘어뜨린다》

하이앵글인 왼쪽의 예는 등이
약간 보이도록 고개를 숙여, 충
격을 강조했습니다. 이런 포즈
의 그림도 액션 라인을 활용해
「움직임」이 느껴지게 연출합니
다.

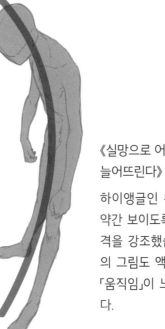

힘없이 주먹을
쥐는 것이 포인
트. 등이나 무릎
을 너무 구부리
면 슬픔 표현보
다는 그냥 노인
으로 보이니 주
의합니다.

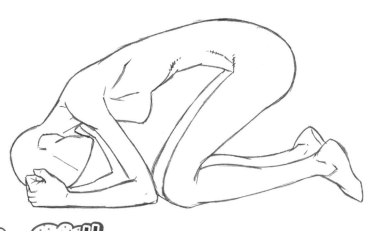

《울분에 못 이겨 웅크린다》

커브가 강한 액션 라인으로 몸을 힘껏 웅크려 울분을 표현했습니다. 일상적으로는 거의 볼 수 없는 포즈이지만, 액션 라인이 구도 결정을 돕습니다.

U자형 액션 라인 (36페이지 참조)을 사용한 극단적인 포즈의 일종입니다. 온몸으로 울분을 표현합니다.

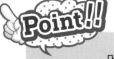

**Point!!**

머리를 감싸는 것이 아니라 꽉 움켜진 주먹을 머리 옆에 둔 포즈로 울분을 강조했습니다.

《주저앉아 고개를 숙인다》

이 예도 액션 라인을 활용한 포즈입니다. 액션 라인은 「움직임」뿐만 아니라 「흐름」의 발상에도 도움이 됩니다.

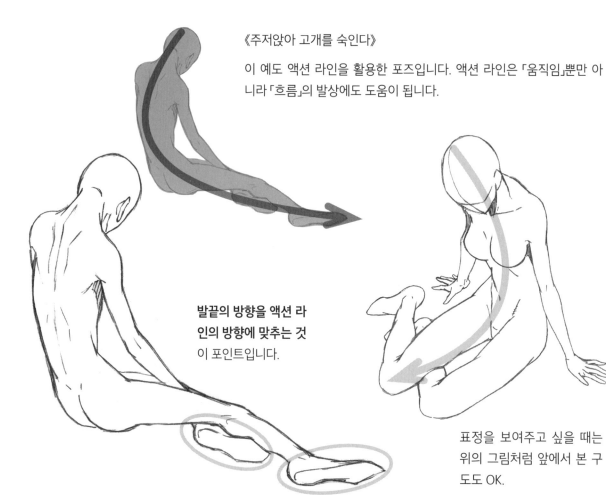

**발끝의 방향을 액션 라인의 방향에 맞추는 것** 이 포인트입니다.

표정을 보여주고 싶을 때는 위의 그림처럼 앞에서 본 구도도 OK.

# 마이너스 감정 표현의 예

U자형 액션 라인을 사용해 무릎을 땅에 붙이고 고개를 숙인 포즈를 그립니다.

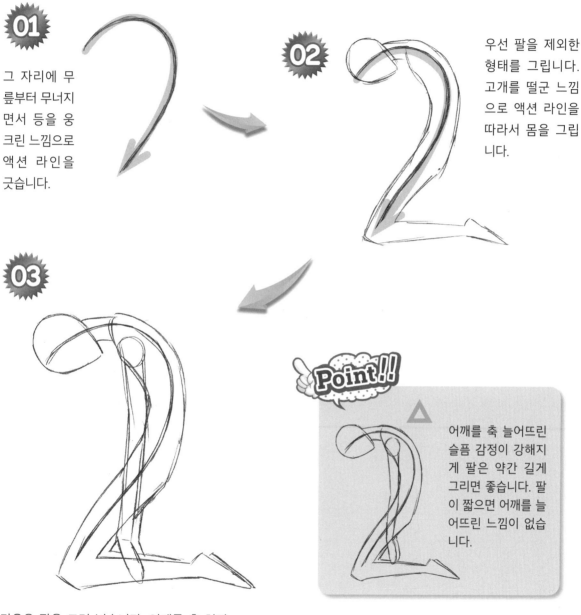

**01**

그 자리에 무릎부터 무너지면서 등을 웅크린 느낌으로 액션 라인을 긋습니다.

**02**

우선 팔을 제외한 형태를 그립니다. 고개를 떨군 느낌으로 액션 라인을 따라서 몸을 그립니다.

**03**

**Point!!**

어깨를 축 늘어뜨린 슬픔 감정이 강해지게 팔은 약간 길게 그리면 좋습니다. 팔이 짧으면 어깨를 늘어뜨린 느낌이 없습니다.

다음은 팔을 그려 넣습니다. 어깨를 축 처진 느낌으로 설정하고, 팔을 그대로 늘어뜨립니다. 이 시점에서 처음으로 등의 곡선이 너무 강해서 포즈가 우스꽝스럽다는 것을 알아차렸습니다. 결코 나쁘지는 않지만, 이번에는 조금 더 리얼한 포즈를 다시 구상합니다.

포즈가 만족스럽지 않다면 과감하게 액션 라인을 다시 그어봅니다!

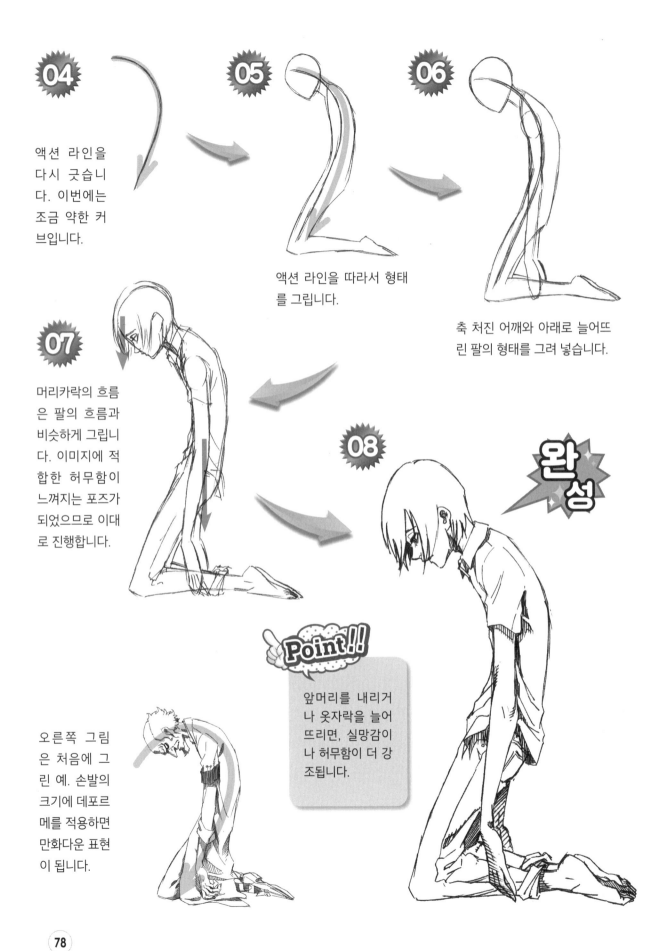

**04**

액션 라인을
다시 긋습니
다. 이번에는
조금 약한 커
브입니다.

**05**

액션 라인을 따라서 형태
를 그립니다.

**06**

축 처진 어깨와 아래로 늘어뜨
린 팔의 형태를 그려 넣습니다.

**07**

머리카락의 흐름
은 팔의 흐름과
비슷하게 그립니
다. 이미지에 적
합한 허무함이
느껴지는 포즈가
되었으므로 이대
로 진행합니다.

**08**

**완성**

**Point!!**

앞머리를 내리거
나 옷자락을 늘어
뜨리면, 실망감이
나 허무함이 더 강
조됩니다.

오른쪽 그림
은 처음에 그
린 예. 손발의
크기에 데포르
메를 적용하면
만화다운 표현
이 됩니다.

# 기타 감정 표현① 분노

전신으로 분노를 표출하는 포즈를 그려보겠습니다. 곡선 궤도형과 U자형 액션 라인을 사용해 분노가 폭발한 듯이 두 팔을 들어 올린 포즈로 그립니다.

**01** 머리와 몸통의 형태를 그리고, 손을 발끝에서 머리 위까지 단숨에 들어 올린 느낌으로 궤도형 액션 라인을 긋습니다.

**02** 액션 라인의 흐름에 맞춰서 팔과 다리의 형태를 넣은 그림. 움직임이 느껴지지 않는 우스꽝스러운 포즈가 되고 말았습니다.

**03** 정면이었던 포즈를 반측면으로 바꿔보았습니다. 두 다리에 힘을 주고 팔을 들어 올리는 느낌으로 액션 라인을 그렸습니다.

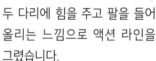

**04** 머리와 몸통의 형태를 그리고 발끝에서 손끝까지 액션 라인 두 개를 긋고, 두 팔의 형태를 넣습니다.

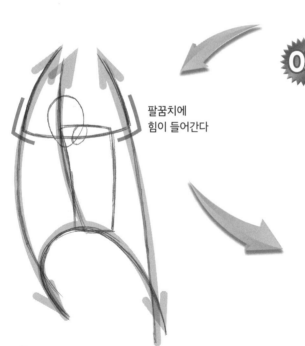

팔꿈치에 힘이 들어간다

**05**

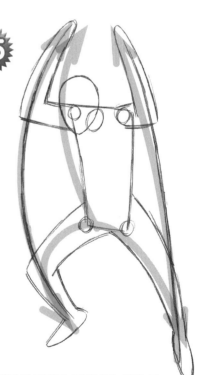

팔과 다리의 형태도 그립니다. 이때 목과 어깨의 위치에 모순이 없는지 확인하고, 목과 손발이 앞으로 나와 있다는 것을 생각하며 그립니다.

**Point!!**

궤도형 액션 라인의 흐름을 기준으로 두 팔의 형태를 넣습니다. 그리고 팔꿈치에 힘이 들어간 것을 표현합니다.

**06**

힘이 들어간 느낌을
표현하려고 옷을 입
히기 전에 근육의 굴
곡을 확실하게 그려
넣었습니다.

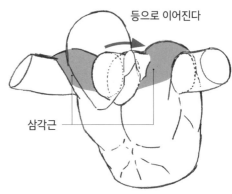

《목과 어깨의 관계》

등으로 이어진다

삼각근

어깨는 팔을 삼각근이 덮고 있는 느낌으
로 그립니다. 목은 앞으로 내민 상태이
므로, 머리에 가려져 거의 보이지 않지
만, 구조를 파악할 수 있게 형태를 그려
보면 쉽습니다.

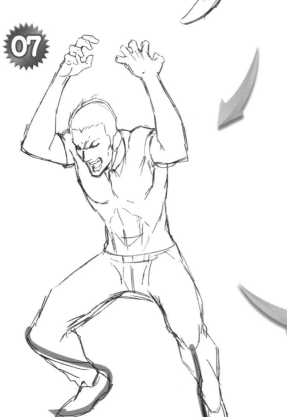

**07**

분노로 힘이 들어간 근육의 굴곡을 강조하려
고 몸에 딱 붙는 크기의 옷을 그렸습니다. 바
지의 주름은 무릎에서 위로 최소한만 넣고, 무
릎에서 발끝은 흐름에 알맞는 주름을 넣습니
다.

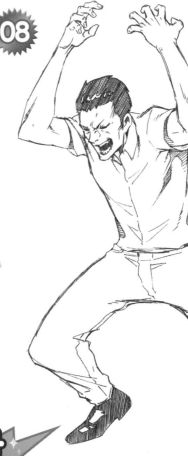

**08**

**완성**

까딱 잘못하면 웃긴 포즈가 될 수
있으니, 표정과 몸에 힘이 들어간
표현이 잘 나타나게 했습니다.

# 기타 감정 표현② 놀람

몸으로 놀란 모습을 표현합니다. 교차하는 슬래시형 액션 라인 2개로 놀라서 두 팔을 든 여성을 그립니다.

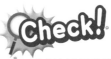

밑에서 본 로우앵글은 목이 길어 보입니다. 주의해서 그립니다.

〈옆에서 본 모습〉

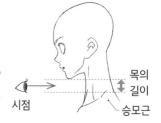

시점     목의 길이     승모근

〈밑에서 본 모습〉

길어 보인다

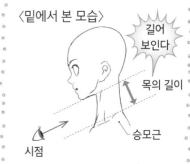

목의 길이     승모근

시점

**01**

놀란 표현에는 로우앵글이 적합합니다. 몸과 높이 든 팔처럼 액션 라인을 긋고, 머리와 몸통의 형태를 그려 넣습니다.

**02**

**03**

**보이지 않는 부분도 제대로 그려서**, 양쪽 어깨의 위치를 정합니다. 그리고 두 팔의 형태를 넣습니다.

**04**

액션 라인을 따라서 두 팔과 가슴의 형태를 그렸습니다. 얼굴에 가려진 왼쪽 팔꿈치 관절도 제대로 그립니다. 실제로는 보이지 않는 부분이라도 보이는 부분과의 연결이 어색하면 그림의 완성도에 문제가 생깁니다.

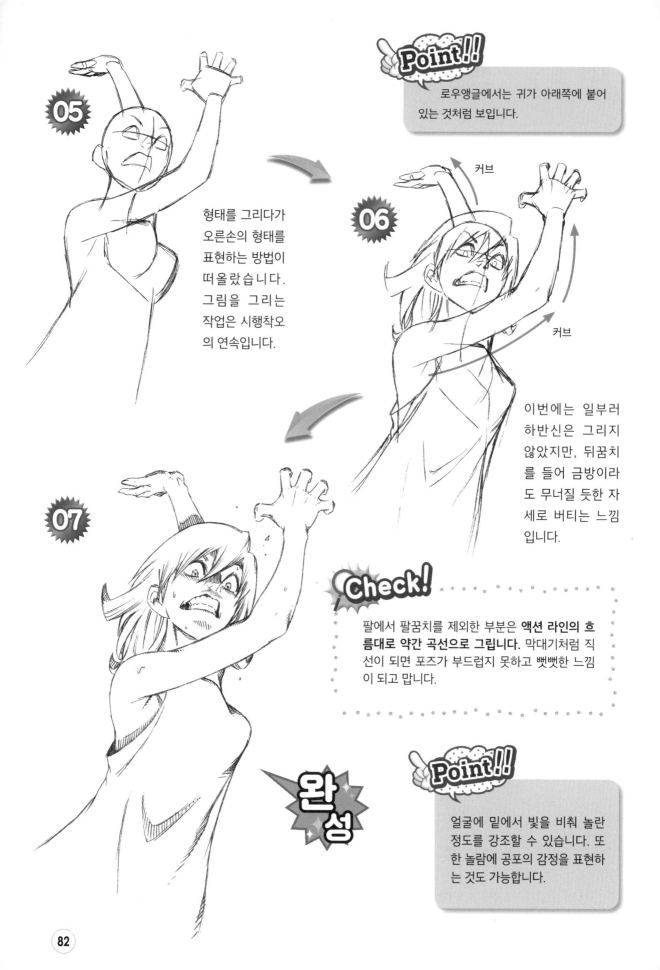

05

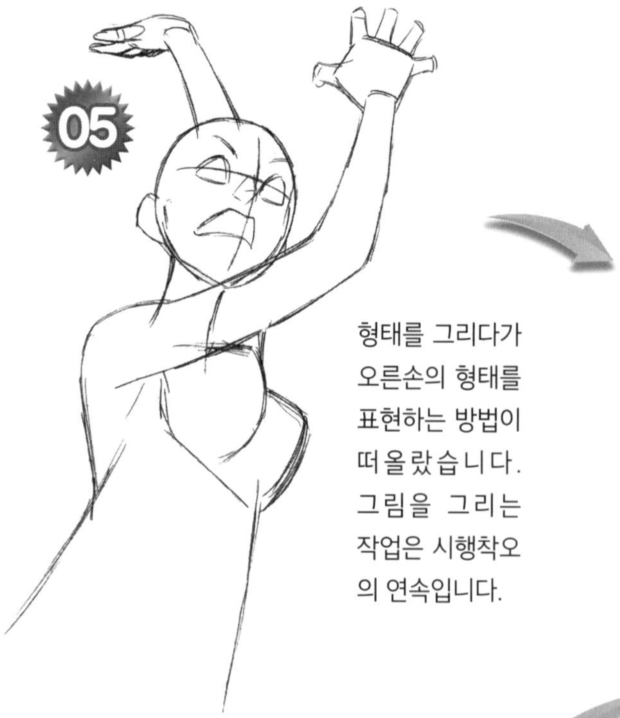

형태를 그리다가 오른손의 형태를 표현하는 방법이 떠올랐습니다. 그림을 그리는 작업은 시행착오의 연속입니다.

**Point!!**

로우앵글에서는 귀가 아래쪽에 붙어 있는 것처럼 보입니다.

06

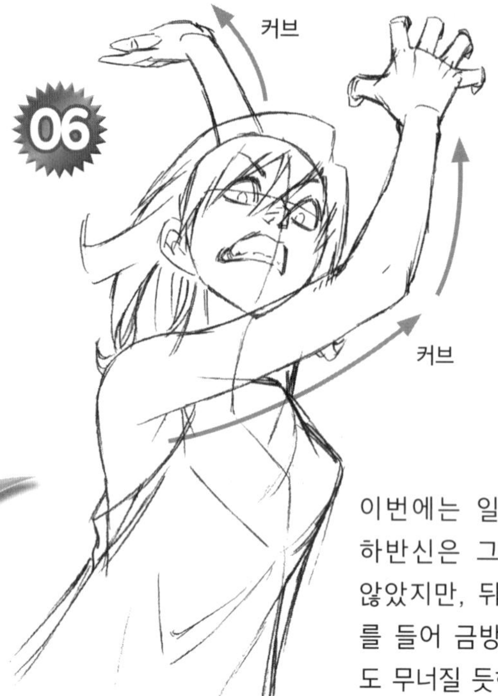


이번에는 일부러 하반신은 그리지 않았지만, 뒤꿈치를 들어 금방이라도 무너질 듯한 자세로 버티는 느낌입니다.

07

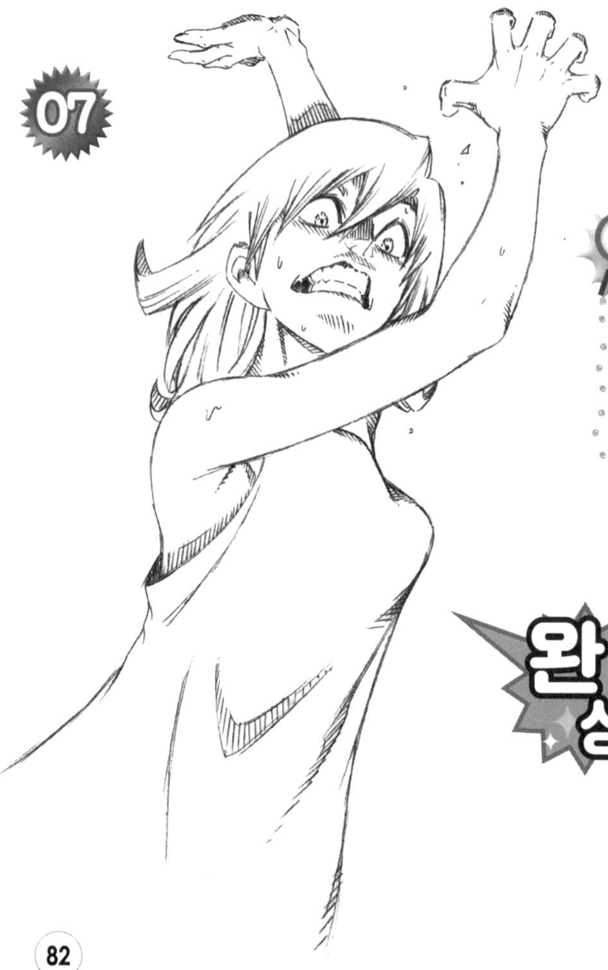

**Check!**

팔에서 팔꿈치를 제외한 부분은 **액션 라인의 흐름대로 약간 곡선으로 그립니다.** 막대기처럼 직선이 되면 포즈가 부드럽지 못하고 뻣뻣한 느낌이 되고 맙니다.

완성

**Point!!**

얼굴에 밑에서 빛을 비춰 놀란 정도를 강조할 수 있습니다. 또한 놀람에 공포의 감정을 표현하는 것도 가능합니다.

# *03* 위태로운 밸런스의 매력

몸의 밸런스가 무너지기 직전인 포즈는 뇌가 밸런스를 잡으려는 다음 동작을 떠올리게 되고, 드라마를 연상시키는 매력이 있습니다. 액션 라인을 사용해 그림을 그리면 「움직임」의 포즈를 쉽게 만들 수 있습니다. 이번 항목에서는 「정지」와 「움직임」의 분기점을 탐구해보겠습니다.

## 아슬아슬 밸런스를 모색한다

쓰러지지 않을 만큼 밸런스를 유지하는 한계치가 어느 정도인지 생각하면서, 몇 가지 예로 살펴보겠습니다.

《벼랑 끝》

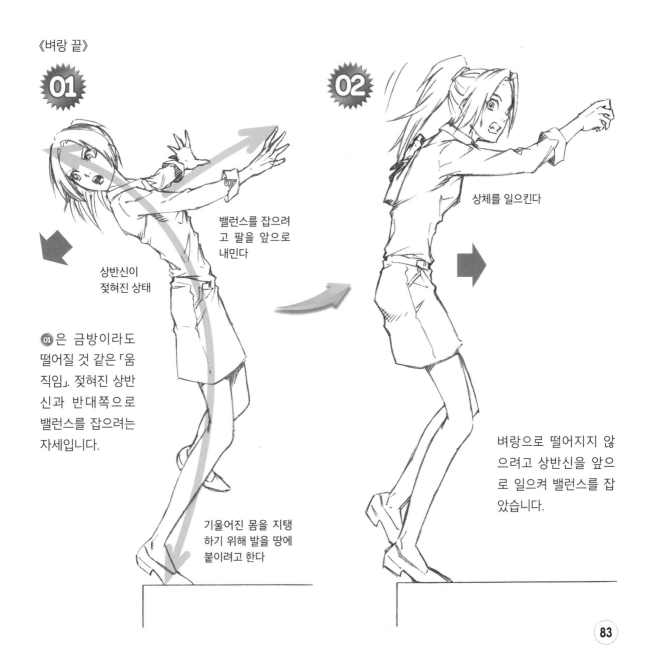

**01**

밸런스를 잡으려고 팔을 앞으로 내민다

상반신이 젖혀진 상태

**01**은 금방이라도 떨어질 것 같은 「움직임」. 젖혀진 상반신과 반대쪽으로 밸런스를 잡으려는 자세입니다.

기울어진 몸을 지탱하기 위해 발을 땅에 붙이려고 한다

**02**

상체를 일으킨다

벼랑으로 떨어지지 않으려고 상반신을 앞으로 일으켜 밸런스를 잡았습니다.

상체를 일으키는 동작에 이어서 곧바로 앞으로 자세를
낮춥니다. 지면에 무릎과 손을 붙이면서 동작이 멈춥니
다. 밸런스가 완전히 안정된 상태가 되었습니다.
자세를 바로 잡으려고 필사적인 「움직임」의 매력을 살린
⓵이 가장 약동감이 있는 포즈인 것을 알 수 있습니다.

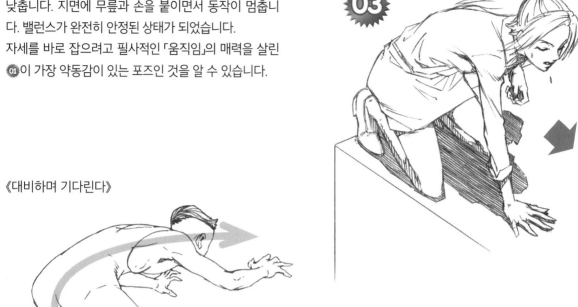

《대비하며 기다린다》

상대와 맞붙기 직전의 포즈. 일부
러 쓰러질 정도로 앞으로 기울인
자세로 그립니다.

몸을 앞으로 기울였으므로 상대가 돌
진해도 뒤로 쓰러지지 않습니다. 즉,
극단적으로 앞으로 기울인 포즈는 상
대와의 격돌을 예측할 수 있는 「움직
임」이 있는 포즈인 것입니다.

# 다양한 밸런스 포즈의 예

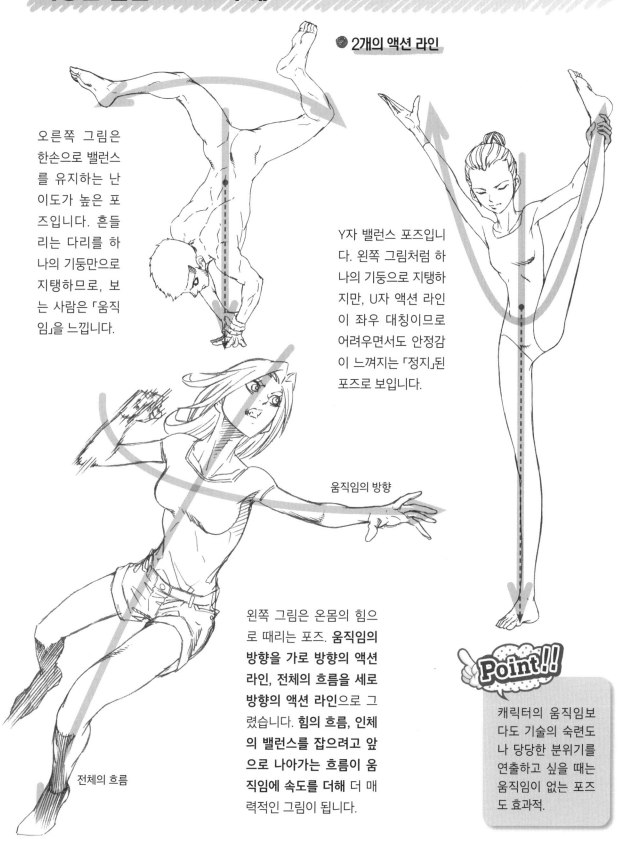

● 2개의 액션 라인

오른쪽 그림은 한손으로 밸런스를 유지하는 난이도가 높은 포즈입니다. 흔들리는 다리를 하나의 기둥만으로 지탱하므로, 보는 사람은 「움직임」을 느낍니다.

Y자 밸런스 포즈입니다. 왼쪽 그림처럼 하나의 기둥으로 지탱하지만, U자 액션 라인이 좌우 대칭이므로 어려우면서도 안정감이 느껴지는 「정지」된 포즈로 보입니다.

움직임의 방향

전체의 흐름

왼쪽 그림은 온몸의 힘으로 때리는 포즈. **움직임의 방향을 가로 방향의 액션 라인, 전체의 흐름을 세로 방향의 액션 라인으로 그렸습니다. 힘의 흐름, 인체의 밸런스를 잡으려고 앞으로 나아가는 흐름이 움직임에 속도를 더해 더 매력적인 그림이 됩니다.

**Point!!**

캐릭터의 움직임보다도 기술의 숙련도나 당당한 분위기를 연출하고 싶을 때는 움직임이 없는 포즈도 효과적.

쓰러지지 않게 허리를 낮추고 버티는 포즈입니다. 다리와 몸을 액션 라인의 흐름대로 그렸습니다. **다리를 벌려서 가로 방향의 안정, 상체를 앞으로 숙이고 한 손을 뒤로 내밀어서 전후 방향의 안정을 노렸습니다.** 「정지」 자세에서 「움직임」으로 가기 직전의 포즈도 매력적인 주제입니다.

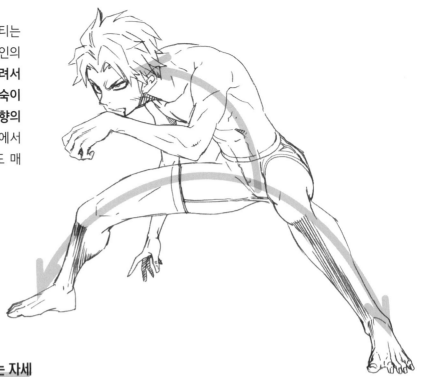

## 🔵 밸런스를 계속 유지할 수 없는 자세

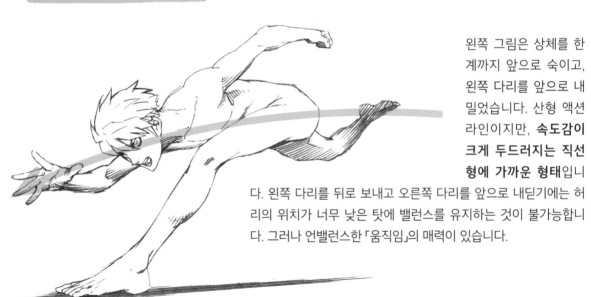

왼쪽 그림은 상체를 한계까지 앞으로 숙이고, 왼쪽 다리를 앞으로 내밀었습니다. 산형 액션 라인이지만, **속도감이 크게 두드러지는 직선형에 가까운 형태입니** 다. 왼쪽 다리를 뒤로 보내고 오른쪽 다리를 앞으로 내딛기에는 허리의 위치가 너무 낮은 탓에 밸런스를 유지하는 것이 불가능합니다. 그러나 언밸런스한 「움직임」의 매력이 있습니다.

오른쪽 그림은 상대를 후방으로 던지는 자세인 스플렉스입니다. 이 포즈는 **밸런스를 유지하지 못하고 뒤로 넘어집니다. 아슬아슬한 느낌이 「움직임」을 연출**합니다.

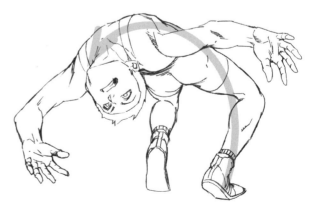

# 자세를 무너뜨려서 「움직임」 있는 포즈를 만든다

자세를 무너뜨리면 생각지 못한 「움직임」이 생기고, 매력적인 포즈가 됩니다. 자연스러운 움직임을 그리고 싶다면, 일단 자세를 무너뜨리고 다시 바로 잡을 때 나타나는 몸의 움직임과 밸런스를 살펴봅시다.

## ● 중심의 기본

중심(重心)이란 물체에 실리는 중력의 중심이 되는 점을 가리킵니다. 인체의 중심은 **배꼽과 척추의 중간**(골반의 엉치뼈) 부근에 있습니다. 중심에서 지면으로 곧게 그은 선이 두 다리의 안쪽에 있으면, 안정된 포즈가 됩니다.

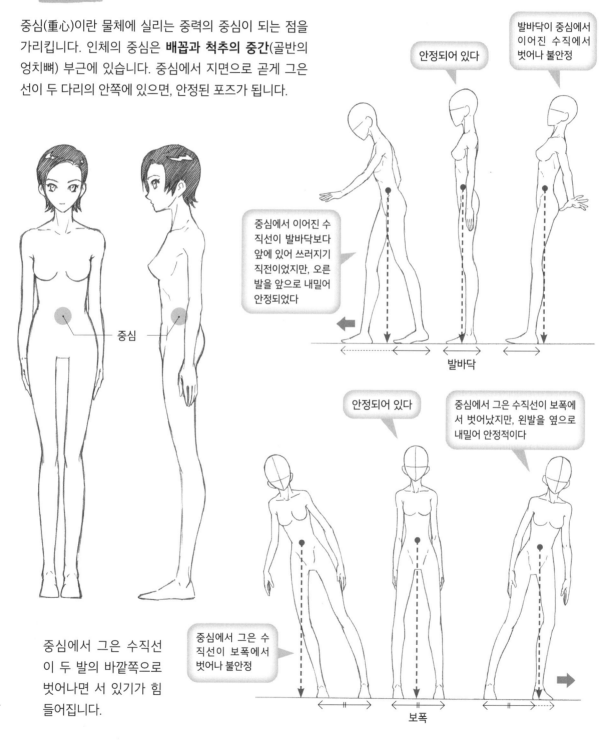

중심

안정되어 있다

발바닥이 중심에서 이어진 수직에서 벗어나 불안정

중심에서 이어진 수직선이 발바닥보다 앞에 있어 쓰러지기 직전이었지만, 오른발을 앞으로 내밀어 안정되었다

발바닥

안정되어 있다

중심에서 그은 수직선이 보폭에서 벗어났지만, 왼발을 옆으로 내밀어 안정적이다

중심에서 그은 수직선이 두 발의 바깥쪽으로 벗어나면 서 있기가 힘들어집니다.

중심에서 그은 수직선이 보폭에서 벗어나 불안정

보폭

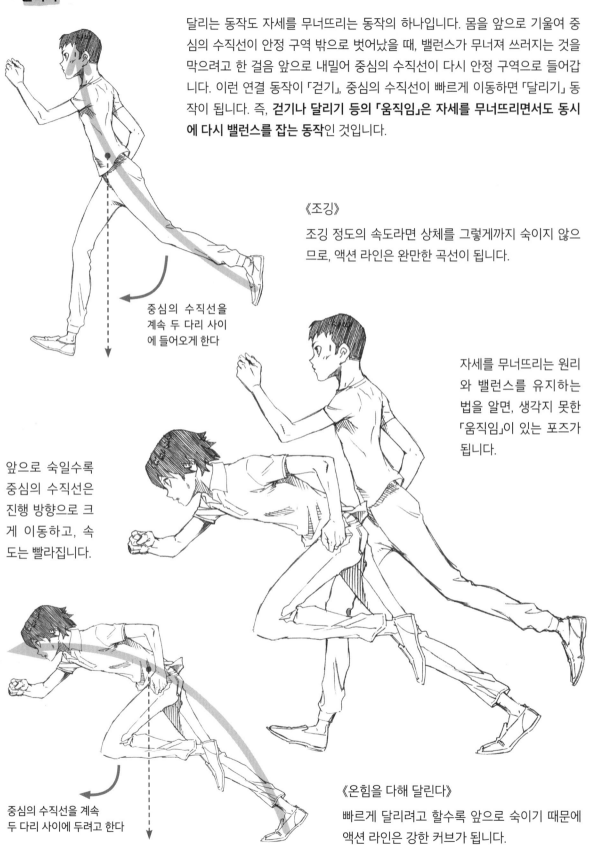

## 🏃 달리기

달리는 동작도 자세를 무너뜨리는 동작의 하나입니다. 몸을 앞으로 기울여 중심의 수직선이 안정 구역 밖으로 벗어났을 때, 밸런스가 무너져 쓰러지는 것을 막으려고 한 걸음 앞으로 내밀어 중심의 수직선이 다시 안정 구역으로 들어갑니다. 이런 연결 동작이 「걷기」, 중심의 수직선이 빠르게 이동하면 「달리기」 동작이 됩니다. 즉, **걷기나 달리기 등의 「움직임」은 자세를 무너뜨리면서도 동시에 다시 밸런스를 잡는 동작**인 것입니다.

《조깅》
조깅 정도의 속도라면 상체를 그렇게까지 숙이지 않으므로, 액션 라인은 완만한 곡선이 됩니다.

중심의 수직선을 계속 두 다리 사이에 들어오게 한다

자세를 무너뜨리는 원리와 밸런스를 유지하는 법을 알면, 생각지 못한 「움직임」이 있는 포즈가 됩니다.

앞으로 숙일수록 중심의 수직선은 진행 방향으로 크게 이동하고, 속도는 빨라집니다.

중심의 수직선을 계속 두 다리 사이에 두려고 한다

《온힘을 다해 달린다》
빠르게 달리려고 할수록 앞으로 숙이기 때문에 액션 라인은 강한 커브가 됩니다.

《달리기+원심력》

코너를 달릴 때 원심력이 발생합
니다. 원심력에 저항하지 않고 달
리면 바깥쪽에서 누가 당긴 것처
럼 넘어지고 맙니다. 그것
을 막으려고 사람은 본능
적으로 코너 안쪽으로 상
반신을 기울여 밸런스를
잡습니다.

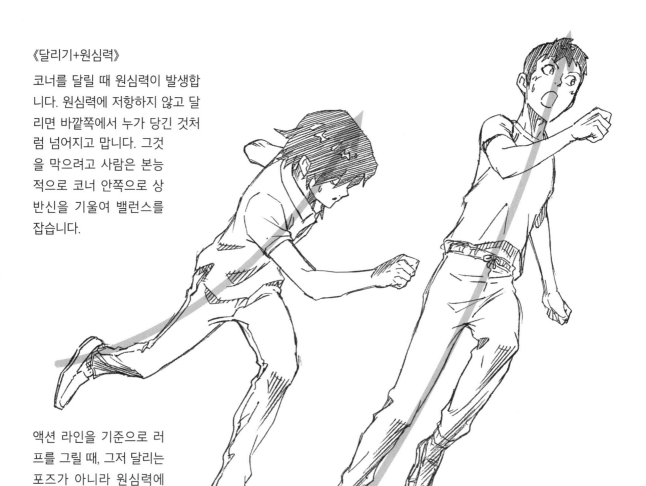

액션 라인을 기준으로 러
프를 그릴 때, 그저 달리는
포즈가 아니라 원심력에
저항하는 요소를 더하면,
또 다른 「움직임」이 있는
포즈가 됩니다.

토막지식

《원심력》

원심력이란 원운동을 하는 물체에 작용하는 힘을 뜻합니다. 회
전의 중심에서 밀려나는 방향으로 작용하며, 일반적인 코너링이
나 해머던지기 등에서 볼
수 있습니다.

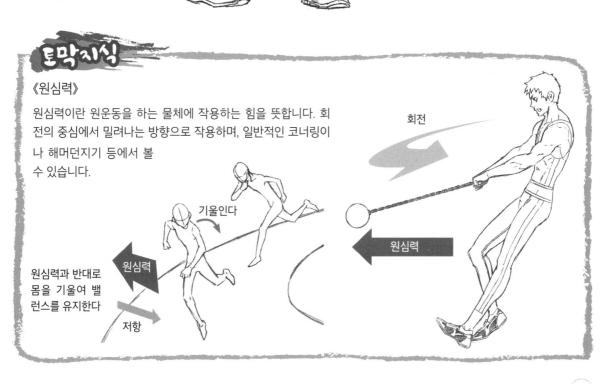

회전

원심력

기울인다

원심력

원심력과 반대로
몸을 기울여 밸
런스를 유지한다

저항

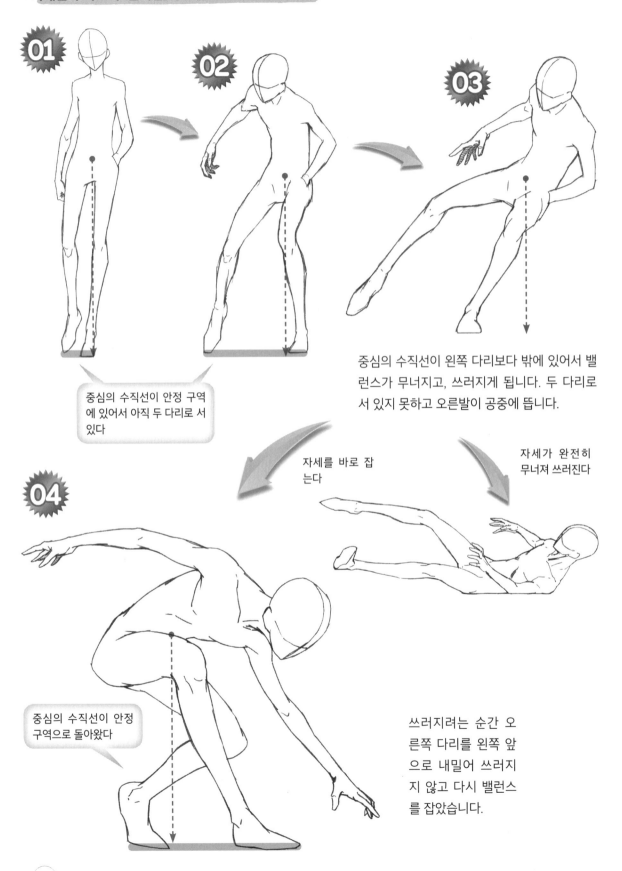

중심의 수직선이 안정 구역에 있어서 아직 두 다리로 서 있다

중심의 수직선이 왼쪽 다리보다 밖에 있어서 밸런스가 무너지고, 쓰러지게 됩니다. 두 다리로 서 있지 못하고 오른발이 공중에 뜹니다.

자세를 바로 잡는다

자세가 완전히 무너져 쓰러진다

중심의 수직선이 안정 구역으로 돌아왔다

쓰러지려는 순간 오른쪽 다리를 왼쪽 앞으로 내밀어 쓰러지지 않고 다시 밸런스를 잡았습니다.

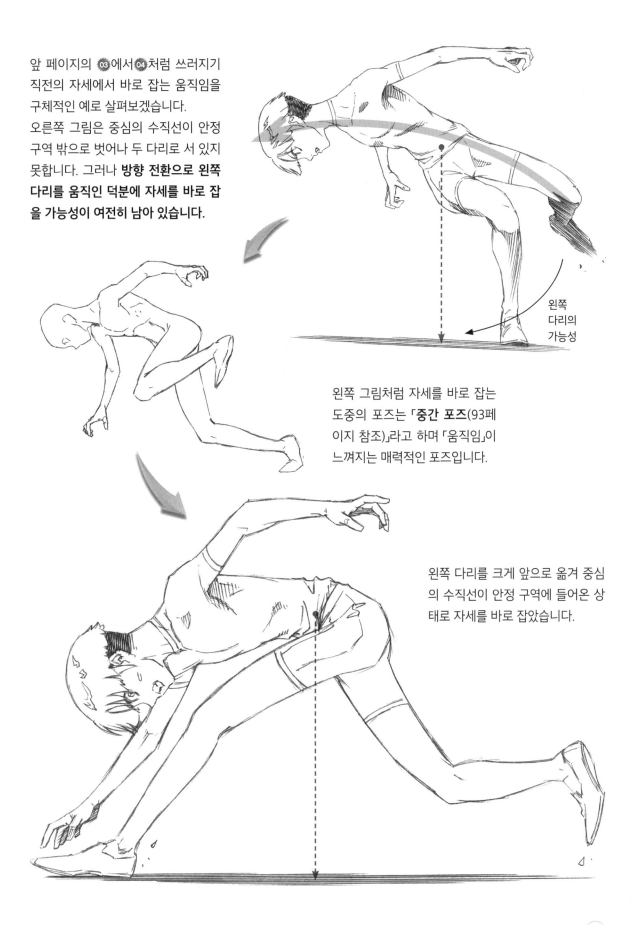

앞 페이지의 ③에서 ④처럼 쓰러지기
직전의 자세에서 바로 잡는 움직임을
구체적인 예로 살펴보겠습니다.
오른쪽 그림은 중심의 수직선이 안정
구역 밖으로 벗어나 두 다리로 서 있지
못합니다. 그러나 **방향 전환으로 왼쪽
다리를 움직인 덕분에 자세를 바로 잡
을 가능성이 여전히 남아 있습니다.**

왼쪽
다리의
가능성

왼쪽 그림처럼 자세를 바로 잡는
도중의 포즈는 「**중간 포즈**(93페
이지 참조)」라고 하며 「움직임」이
느껴지는 매력적인 포즈입니다.

왼쪽 다리를 크게 앞으로 옮겨 중심
의 수직선이 안정 구역에 들어온 상
태로 자세를 바로 잡았습니다.

# 움직임을 멈춘 포즈

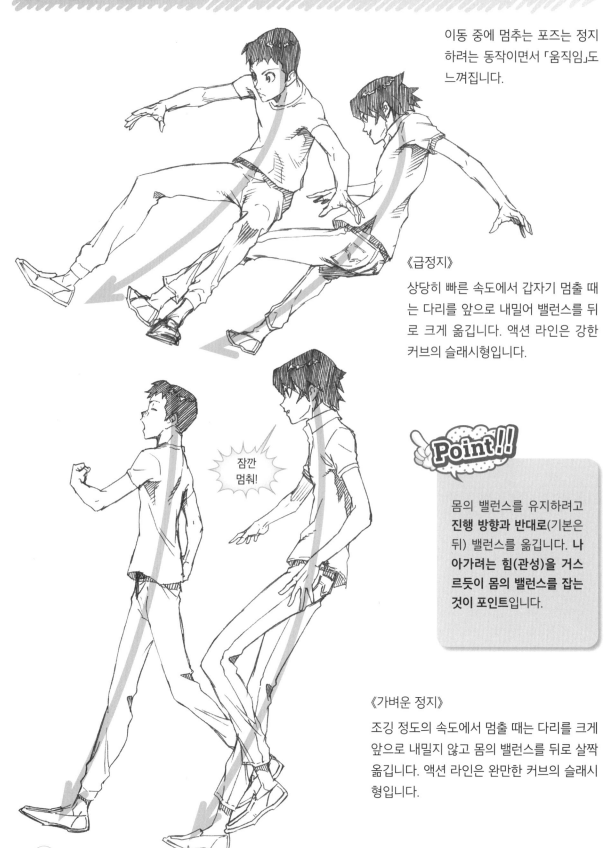

이동 중에 멈추는 포즈는 정지하려는 동작이면서 「움직임」도 느껴집니다.

《급정지》

상당히 빠른 속도에서 갑자기 멈출 때는 다리를 앞으로 내밀어 밸런스를 뒤로 크게 옮깁니다. 액션 라인은 강한 커브의 슬래시형입니다.

잠깐 멈춰!

Point!!

몸의 밸런스를 유지하려고 **진행 방향과 반대로(기본은 뒤) 밸런스를 옮깁니다. 나아가려는 힘(관성)을 거스르듯이 몸의 밸런스를 잡는 것이 포인트입니다.**

《가벼운 정지》

조깅 정도의 속도에서 멈출 때는 다리를 크게 앞으로 내밀지 않고 몸의 밸런스를 뒤로 살짝 옮깁니다. 액션 라인은 완만한 커브의 슬래시형입니다.

# 중간 포즈

액션이 구사된 순간의 포즈를 그리는 것이 아니라 그 포즈로 이어지는 중간 포즈로 「움직임」을 표현할 수 있습니다. 이번 항목에서는 중간 포즈를 자유롭게 다루는 방법을 설명합니다.

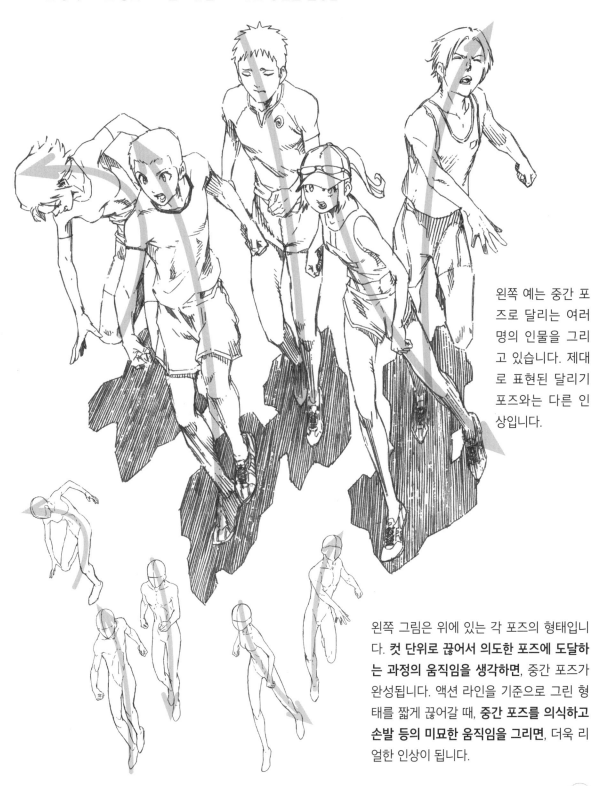

왼쪽 예는 중간 포즈로 달리는 여러 명의 인물을 그리고 있습니다. 제대로 표현된 달리기 포즈와는 다른 인상입니다.

왼쪽 그림은 위에 있는 각 포즈의 형태입니다. **컷 단위로 끊어서 의도한 포즈에 도달하는 과정의 움직임을 생각하면**, 중간 포즈가 완성됩니다. 액션 라인을 기준으로 그린 형태를 짧게 끊어갈 때, **중간 포즈를 의식하고 손발 등의 미묘한 움직임을 그리면**, 더욱 리얼한 인상이 됩니다.

## ● 중간 포즈를 만들어보자

이번에는 알기 쉽도록 달리는 동작으로 중간 포즈를 만들어보겠습니다. 우선 의도한 포즈를 구상합니다. 좌우 다리를 내미는 포즈(Ⓐ, Ⓑ)는 달리는 동작의 일반적인 포즈입니다.

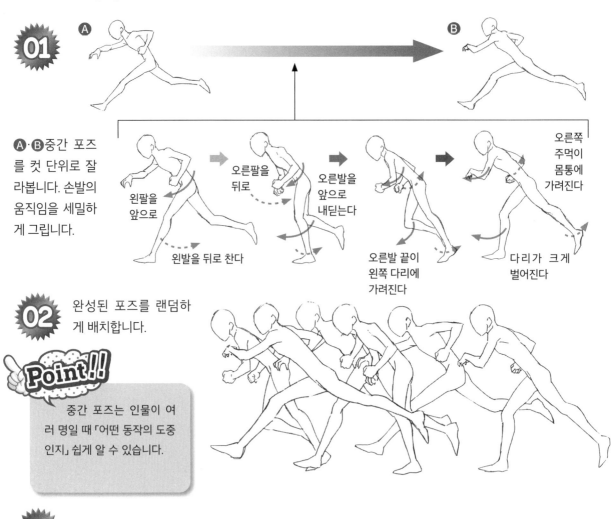

**01** Ⓐ Ⓑ

Ⓐ·Ⓑ중간 포즈를 컷 단위로 잘라봅니다. 손발의 움직임을 세밀하게 그립니다.

왼팔을 앞으로

왼발을 뒤로 찬다

오른팔을 뒤로

오른발을 앞으로 내딛는다

오른발 끝이 왼쪽 다리에 가려진다

오른쪽 주먹이 몸통에 가려진다

다리가 크게 벌어진다

**02** 완성된 포즈를 랜덤하게 배치합니다.

**Point!!**

중간 포즈는 인물이 여러 명일 때 「어떤 동작의 도중인지」 쉽게 알 수 있습니다.

**03** 디테일을 넣고, 다시 깔끔하게 그리면 완성입니다.

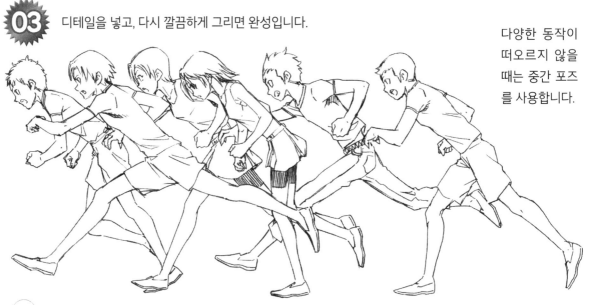

다양한 동작이 떠오르지 않을 때는 중간 포즈를 사용합니다.

액션 라인에 비틀림 요소를 더하면 약동감을 더 강조할 수 있습니다. 이번에는 슬래시형 액션 라인을 사용한 포즈에 비틀림을 더합니다.

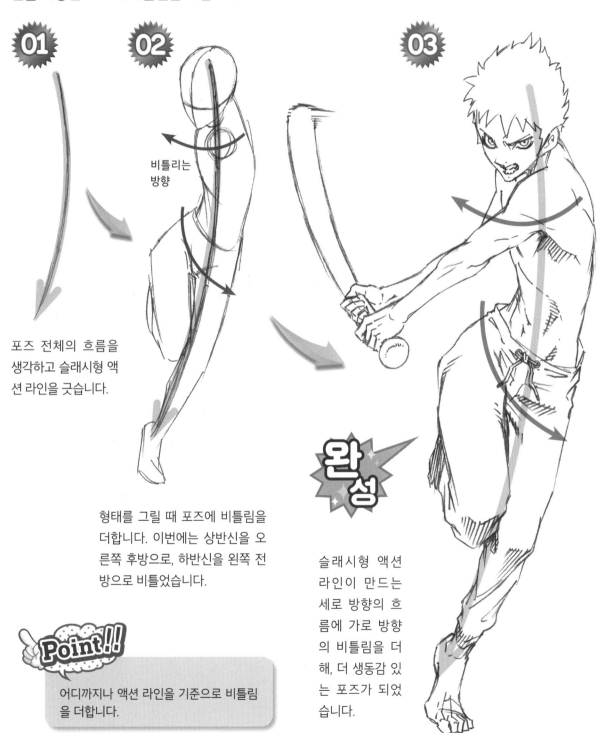

**01**

포즈 전체의 흐름을 생각하고 슬래시형 액션 라인을 긋습니다.

**02**

비틀리는 방향

형태를 그릴 때 포즈에 비틀림을 더합니다. 이번에는 상반신을 오른쪽 후방으로, 하반신을 왼쪽 전방으로 비틀었습니다.

**03**

완성

슬래시형 액션 라인이 만드는 세로 방향의 흐름에 가로 방향의 비틀림을 더해, 더 생동감 있는 포즈가 되었습니다.

**Point!!**

어디까지나 액션 라인을 기준으로 비틀림을 더합니다.

# 비틀림을 하나 더 추가한다

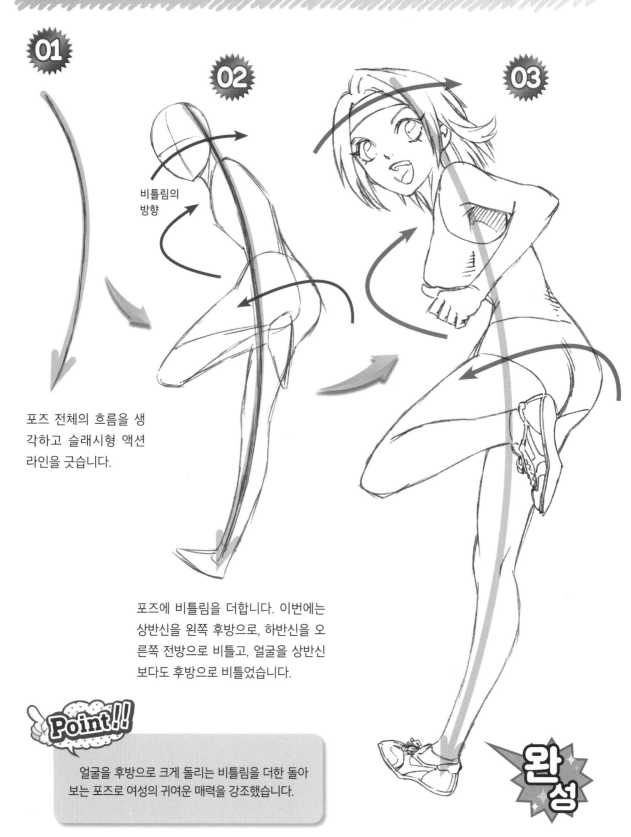

**01**

포즈 전체의 흐름을 생각하고 슬래시형 액션 라인을 긋습니다.

**02**

비틀림의 방향

포즈에 비틀림을 더합니다. 이번에는 상반신을 왼쪽 후방으로, 하반신을 오른쪽 전방으로 비틀고, 얼굴을 상반신보다도 후방으로 비틀었습니다.

**03**

완성

## Point!!

얼굴을 후방으로 크게 돌리는 비틀림을 더한 돌아보는 포즈로 여성의 귀여운 매력을 강조했습니다.

# 05 액션 라인으로 몸의 비틀림을 표현

## 두 개의 액션 라인으로 몸의 비틀림을 표현하자

**01** 포즈를 생각하고 슬래시형 액션 라인을 긋습니다.

뛰어오르는 동작을 생각하고 긴 액션 라인을 그었습니다.

**Check!**

×

형태를 그려 봤지만, 구부린 오른쪽 다리가 포즈의 흐름을 방해해 그다지 보기 좋은 그림으로 보이지 않습니다. 이럴 때는 망설이지 말고 다양하게 시도합니다.

**02**

상반신과 하반신에 비틀림을 더합니다. 오른쪽 다리를 뒤로 내민 탓에 다시 가로 방향의 U자형 액션 라인이 생겼습니다. 2개의 액션 라인이 교차하면서 X형이 됩니다.

상반신은 로우앵글이므로 오른쪽 어깨는 왼쪽 어깨보다 아래에 오고, 오른쪽 가슴도 낮게 보입니다.

**03**

비틀림

오른쪽 어깨와 오른쪽 가슴을 아래로

U자형

슬래시형

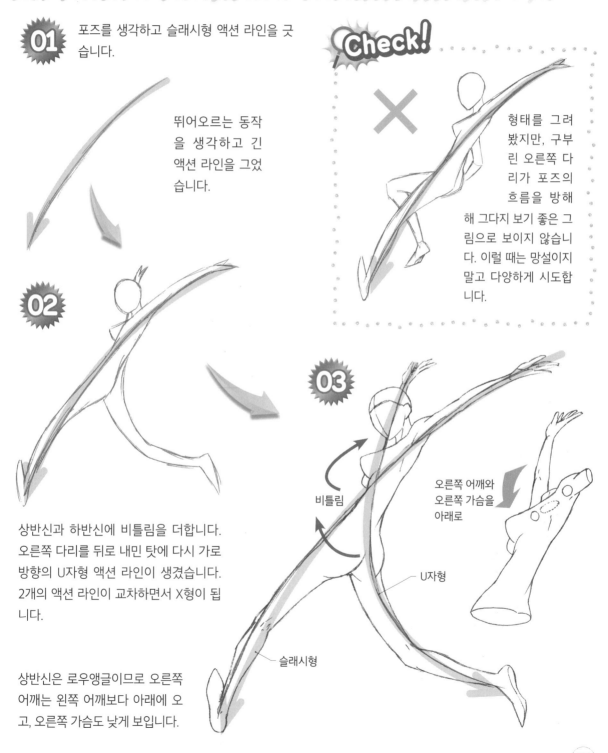

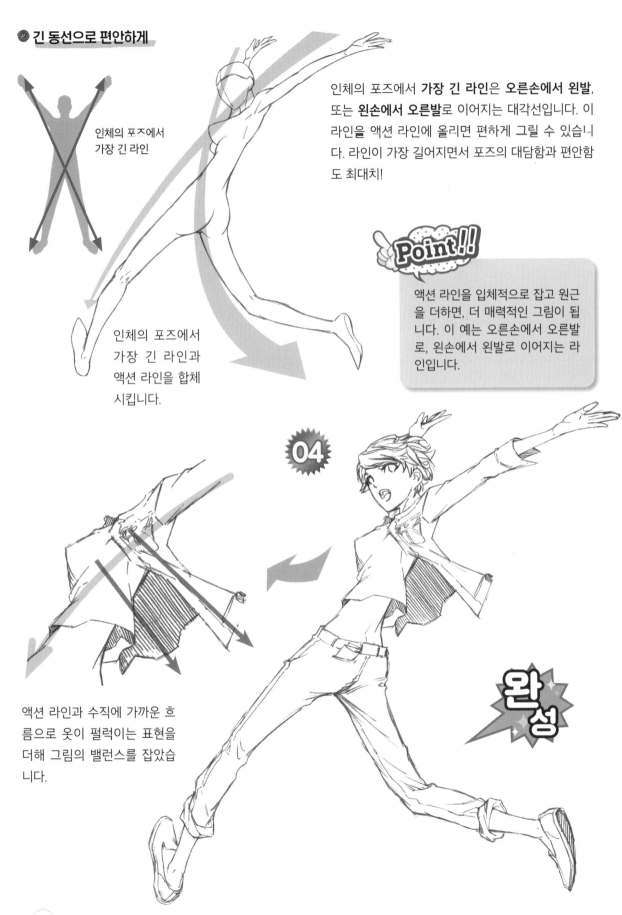

## ● 긴 동선으로 편안하게

인체의 포즈에서
가장 긴 라인

인체의 포즈에서 가장 긴 라인은 **오른손에서 왼발**, 또는 **왼손에서 오른발**로 이어지는 대각선입니다. 이 라인을 액션 라인에 올리면 편하게 그릴 수 있습니다. 라인이 가장 길어지면서 포즈의 대담함과 편안함도 최대치!

인체의 포즈에서
가장 긴 라인과
액션 라인을 합체
시킵니다.

### Point!!

액션 라인을 입체적으로 잡고 원근을 더하면, 더 매력적인 그림이 됩니다. 이 예는 오른손에서 오른발로, 왼손에서 왼발로 이어지는 라인입니다.

04

완성

액션 라인과 수직에 가까운 흐름으로 옷이 펄럭이는 표현을 더해 그림의 밸런스를 잡았습니다.

# *06*액션 라인+비틀림❷

95페이지에서는 초급 편 슬래시형 액션 라인을 사용한 포즈에 비틀림을 더했지만, 이번에는 상급 편 U자형을 사용한 포즈에 비틀림을 더합니다.

## 급커브로 인상적인 포즈를 만든다

**01**

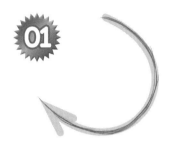

생각한 포즈를 약간 강조한 듯한 느낌으로 급커브의 U자형 액션 라인을 긋습니다.

**02**

액션 라인에 **어떻게 실루엣을 올리고, 어떤 부위를 벗어나게 할지** 생각한 뒤에 포즈를 그립니다.

### 🔴 포즈의 시행착오

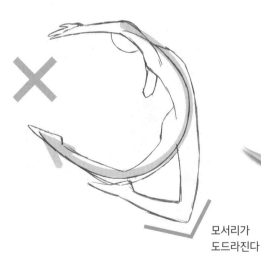

모서리가
도드라진다

오른팔을 액션 라인에 올렸더니 얼굴과 팔이 겹치고 말았습니다. 무릎을 구부려 다리를 액션 라인으로 가져갔지만, 액션 라인보다도 돌출된 무릎이 더 눈에 띄어, 라인의 이미지가 무너지고 말았습니다.

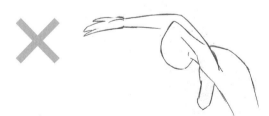

그래서 우선 얼굴과 겹치지 않도록 고개를 뒤로 크게 젖혔지만, 목의 가동 범위를 벗어나 위의 그림처럼 되기 때문에, 오른팔은 액션 라인에 올리지 않기로 했습니다.

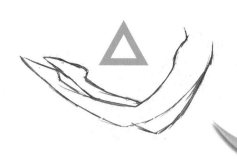

다음은 왼쪽 그림처럼 두 다리를 모두 액션 라인에 올려보았는데, 완전히 공중에 뜬 포즈가 되고 말았습니다. 두 다리로 점프한 포즈를 그리고 싶을 때는 전혀 문제가 없지만, 이번에는 한쪽 다리를 액션 라인에 올리기로 합니다.

다시 오른쪽 그림처럼 전신을 억지로 U자 라인에 올렸더니, 상당히 극단적인 포즈가 되었습니다. 전신으로 움직임을 표현하고 싶을 때는 좋지만, 그렇게 극단적인 포즈를 그리고 싶지 않을 때는 **급커브를 부분적으로 사용하면 자연스러우면서도 약동감** 있는 포즈가 됩니다.

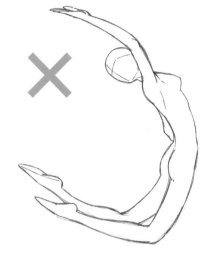

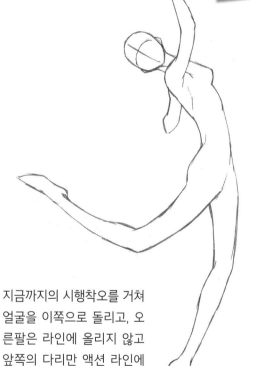

지금까지의 시행착오를 거쳐 얼굴을 이쪽으로 돌리고, 오른팔은 라인에 올리지 않고 앞쪽의 다리만 액션 라인에 올렸습니다. 우아한 인상이 되었지만, 좀 더 멋진 비틀림이 있는 포즈로 수정합니다.

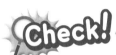

멋진 움직임의 포즈를 만들 때 가동 범위의 한계까지 전신을 사용하면 표현하기는 쉽지만, 지나치면 극단적인 포즈가 되고 맙니다. 이번에는 비틀림을 더해 멋진 포즈를 만들기로 했지만, 다른 앵글을 사용하는 방법도 있습니다. 오른쪽 그림은 왼쪽의 예와 같은 앵글에서 시점을 약간 아래로 옮긴 로우앵글입니다. 머리와 오른쪽 다리의 거리가 가깝게 보이고, 더 큰 급커브를 표현할 수 있습니다.

급커브로 보인다

급

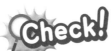

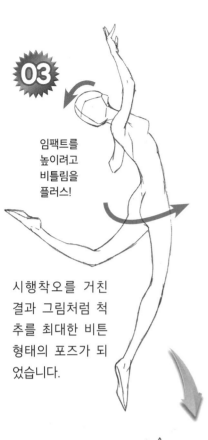

**03**

임팩트를
높이려고
비틀림을
플러스!

시행착오를 거친
결과 그림처럼 척
추를 최대한 비튼
형태의 포즈가 되
었습니다.

목과 머리, 목과 어깨, 목에서 가슴, 각각의 연결 표현이 힘든
포즈입니다. 다양한 각도에서 확인합니다.

《바로 위》　　　　　　《정면》

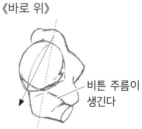

비튼 주름이
생긴다

머리를 얼마나 후방으로
돌렸는지 확인합니다.

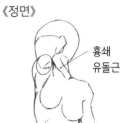

흉쇄
유돌근

흉쇄유돌근이 드러나
머리로 이어집니다.

**04**

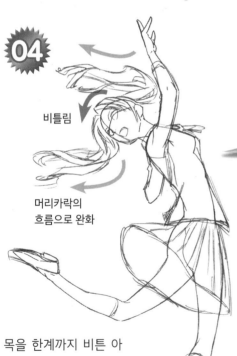

비틀림

머리카락의
흐름으로 완화

목을 한계까지 비튼 아
슬아슬한 느낌을 완화
하려고 비튼 방향의 반
대로 머리카락을 그립
니다.

**05**

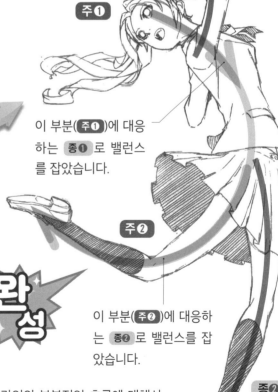

종❶

주❶

주❷

종❷

완성

이 부분(주❶)에 대응
하는 종❶로 밸런스
를 잡았습니다.

이 부분(주❷)에 대응하
는 종❷로 밸런스를 잡
았습니다.

액션 라인의 부분적인 흐름에 대해서,
팔과 다리의 흐름으로 밸런스를 잡는
것이 포인트. 이 흐름을 계속 의식하고
그립니다.

# 여러 개의 액션 라인으로 비틀림을 표현하자

극단적으로 몸을 비틀면 포즈에 강렬한 데포르메를 적용할 수 있습니다.

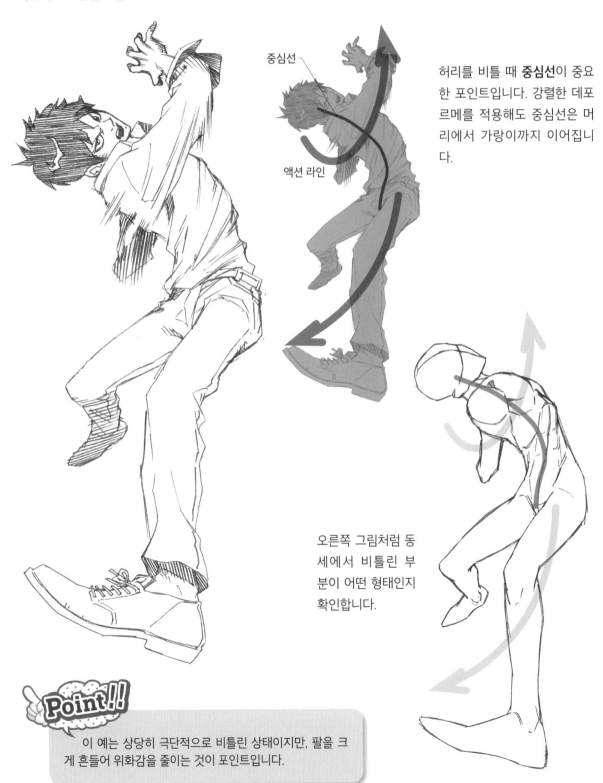

중심선

액션 라인

허리를 비틀 때 **중심선**이 중요한 포인트입니다. 강렬한 데포르메를 적용해도 중심선은 머리에서 가랑이까지 이어집니다.

오른쪽 그림처럼 동세에서 비틀린 부분이 어떤 형태인지 확인합니다.

Point!!

이 예는 상당히 극단적으로 비틀린 상태이지만, 팔을 크게 흔들어 위화감을 줄이는 것이 포인트입니다.

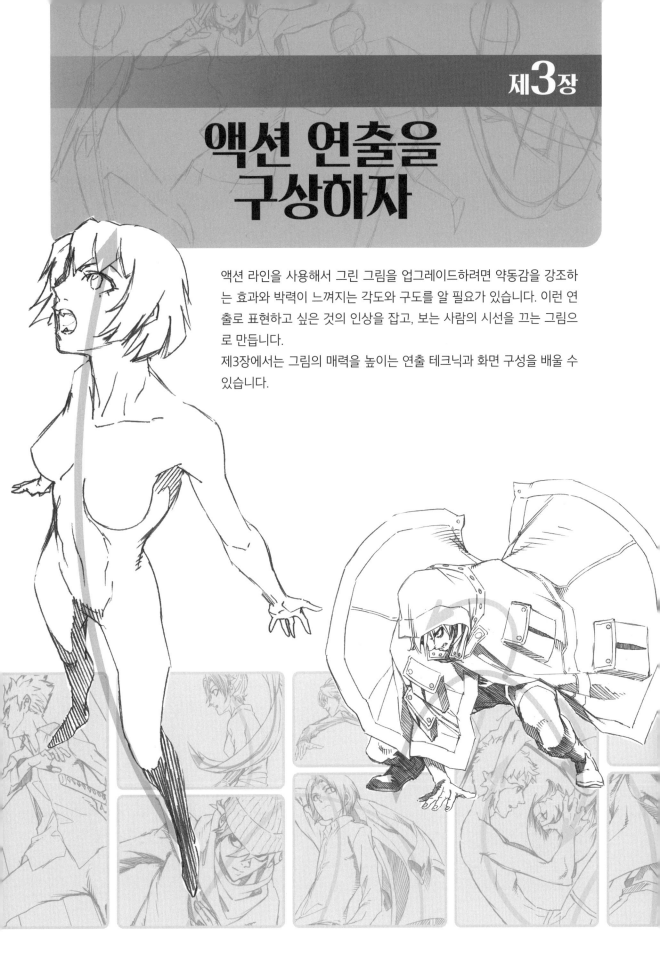

# 액션 연출을 구상하자

액션 라인을 사용해서 그린 그림을 업그레이드하려면 약동감을 강조하는 효과와 박력이 느껴지는 각도와 구도를 알 필요가 있습니다. 이런 연출로 표현하고 싶은 것의 인상을 잡고, 보는 사람의 시선을 끄는 그림으로 만듭니다.

제3장에서는 그림의 매력을 높이는 연출 테크닉과 화면 구성을 배울 수 있습니다.

# *01* 그리기 전에 연출 의도를 구상하자

일러스트를 그리기 전에 「보여주고 싶은 것이 무엇인지」, 「어디를 가장 보여주고 싶은지」를 생각하고, 강조할 수 있는 연출을 더합니다. 액션 라인과 연출을 조합하면 더 생동감 있는 매력적인 일러스트를 그릴 수 있습니다.

오른쪽 그림은 앞쪽으로 내민 발을 크게 왜곡해 박력을 더하고(**광각 표현**), **로우앵글**로 발을 더 강조했습니다.

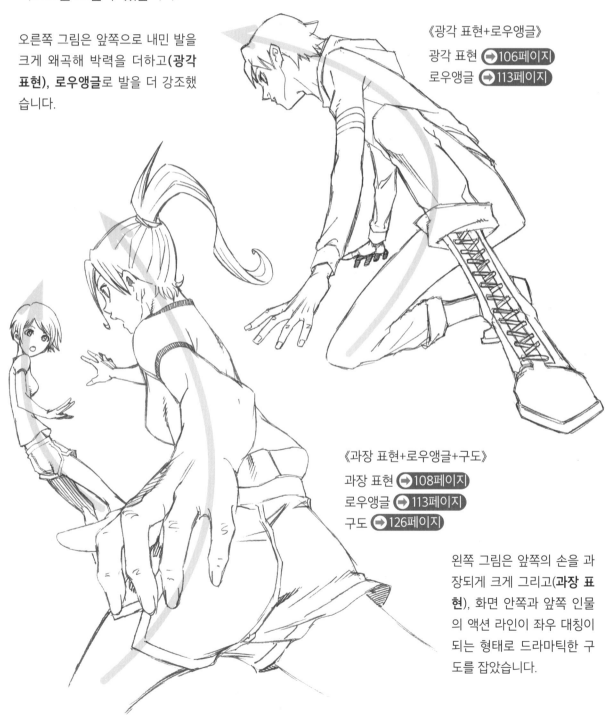

《광각 표현+로우앵글》
광각 표현 ➡106페이지
로우앵글 ➡113페이지

《과장 표현+로우앵글+구도》
과장 표현 ➡108페이지
로우앵글 ➡113페이지
구도 ➡126페이지

왼쪽 그림은 앞쪽의 손을 과장되게 크게 그리고(**과장 표현**), 화면 안쪽과 앞쪽 인물의 액션 라인이 좌우 대칭이 되는 형태로 드라마틱한 구도를 잡았습니다.

《어안렌즈 표현+하이앵글》

어안렌즈 표현 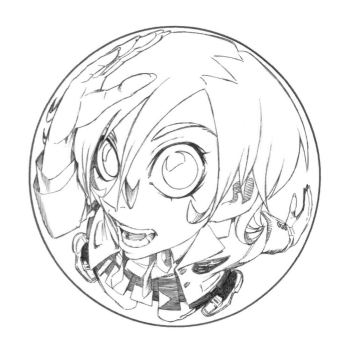111페이지
하이앵글 115페이지

오른쪽 그림은 어안렌즈처럼 왼쪽
눈을 중심으로 크게 과장해 임팩트
를 연출하고(**어안렌즈 효과**), **하이앵
글**로 하반신을 작게 표현해 머리를
강조했습니다.

《하이앵글+구도》

하이앵글 115페이지
구도 126페이지

인물이 여럿인 그림
을 그릴 때는 구도가
중요합니다.

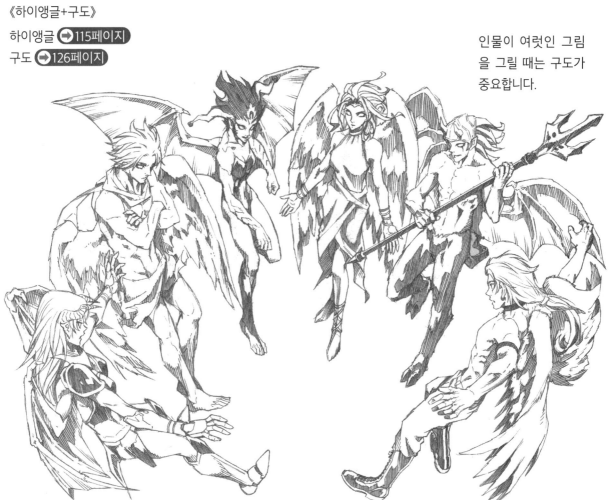

# 02 보여주고 싶은 것을 「크게」

이번 항목에서는 보여주고 싶은 부분을 더 인상적으로 연출할 수 있는, 「크게」 그려서 강조하는 테크닉을 설명합니다.

## 테크닉① 광각 표현

그림에 박력을 더하고 싶을 때는 원근이 중요해집니다. 광각 표현은 앞쪽에 있는 것을 더 가깝게(크게), 안쪽에 있는 것을 더 멀게(작게) 원근법의 원리대로 그려서 박력을 표현하는 방법입니다.

왼쪽 그림은 광각 표현으로 발밑의 원근감을 강조하고 다리를 크게 그려서 움직이기 직전의 긴장감을 표현했습니다.

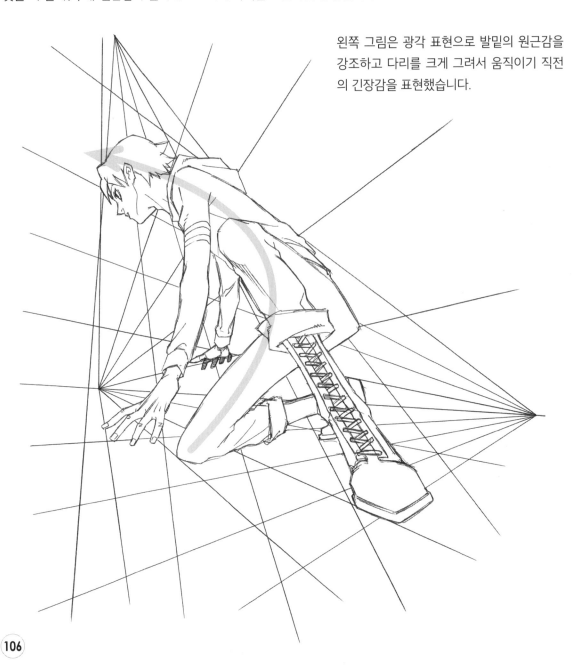

《보통의 원근》

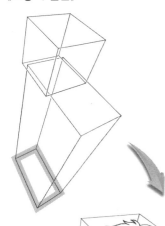

《광각 표현》

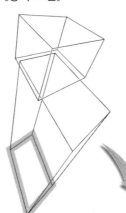

발쪽을 내려다보면 알 수 있듯이 보통의 원근에서는 직각에 가까운 직사각형이 광각 표현에서는 마름모처럼 됩니다.

마름모에 가깝다

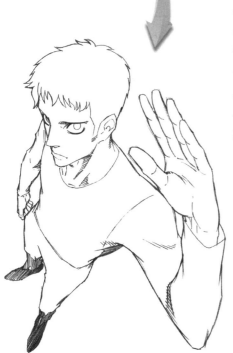

보통의 원근으로도 충분하지만, 광각 표현으로 원근감을 더 강조해, 왼손과 정수리 부근을 크게 그렸습니다.

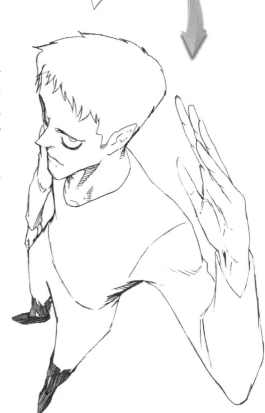

# 테크닉② 과장 표현

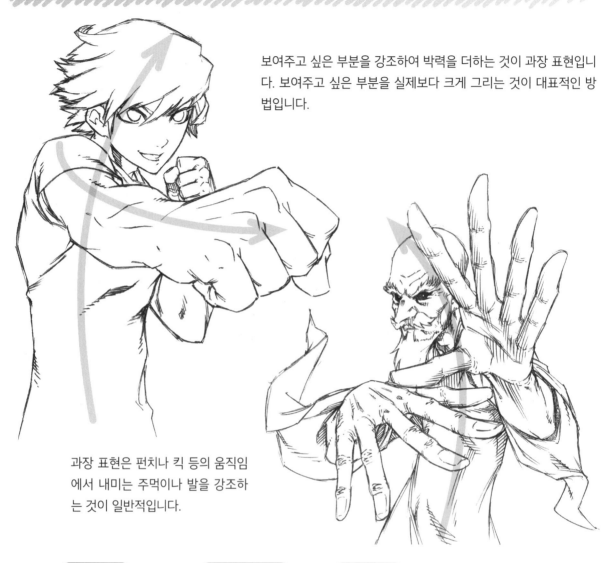

보여주고 싶은 부분을 강조하여 박력을 더하는 것이 과장 표현입니다. 보여주고 싶은 부분을 실제보다 크게 그리는 것이 대표적인 방법입니다.

과장 표현은 펀치나 킥 등의 움직임에서 내미는 주먹이나 발을 강조하는 것이 일반적입니다.

| 밀착 | 거리 50cm | 거리 1 m |
|---|---|---|

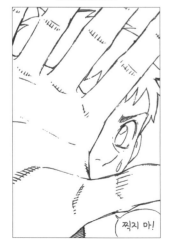

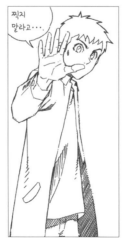

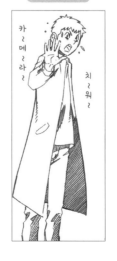

왼쪽 그림은 카메라를 가로막는 사람을 그린 것입니다. 캐릭터의 전체를 보여주고 싶다면 거리는 어느 정도 두는 편이 좋습니다. 반대로 밀착한 형태로 손을 키우면 거부하는 감정을 강조한 것처럼 보입니다.

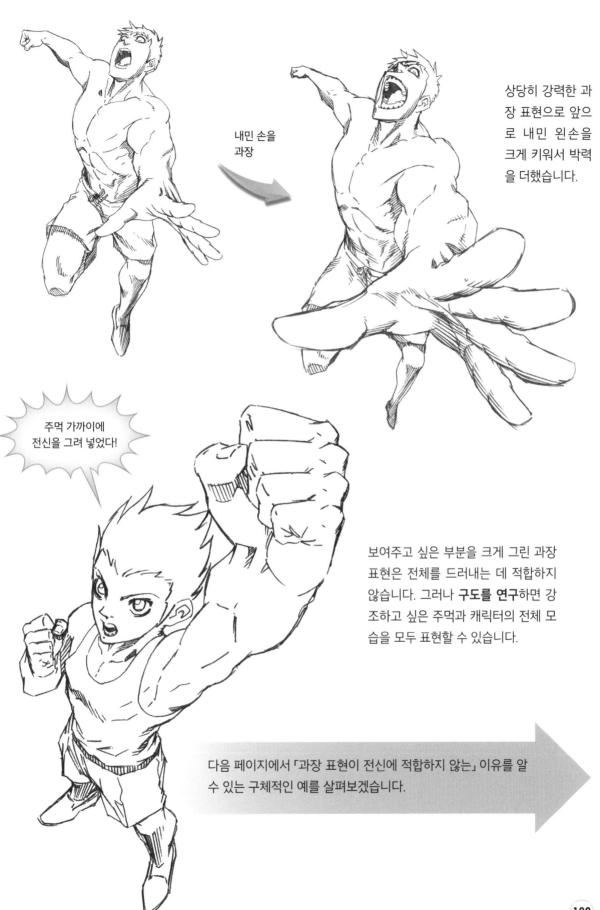

내민 손을
과장

상당히 강력한 과
장 표현으로 앞으
로 내민 왼손을
크게 키워서 박력
을 더했습니다.

주먹 가까이에
전신을 그려 넣었다!

보여주고 싶은 부분을 크게 그린 과장
표현은 전체를 드러내는 데 적합하지
않습니다. 그러나 **구도를 연구**하면 강
조하고 싶은 주먹과 캐릭터의 전체 모
습을 모두 표현할 수 있습니다.

다음 페이지에서 「과장 표현이 전신에 적합하지 않는」 이유를 알
수 있는 구체적인 예를 살펴보겠습니다.

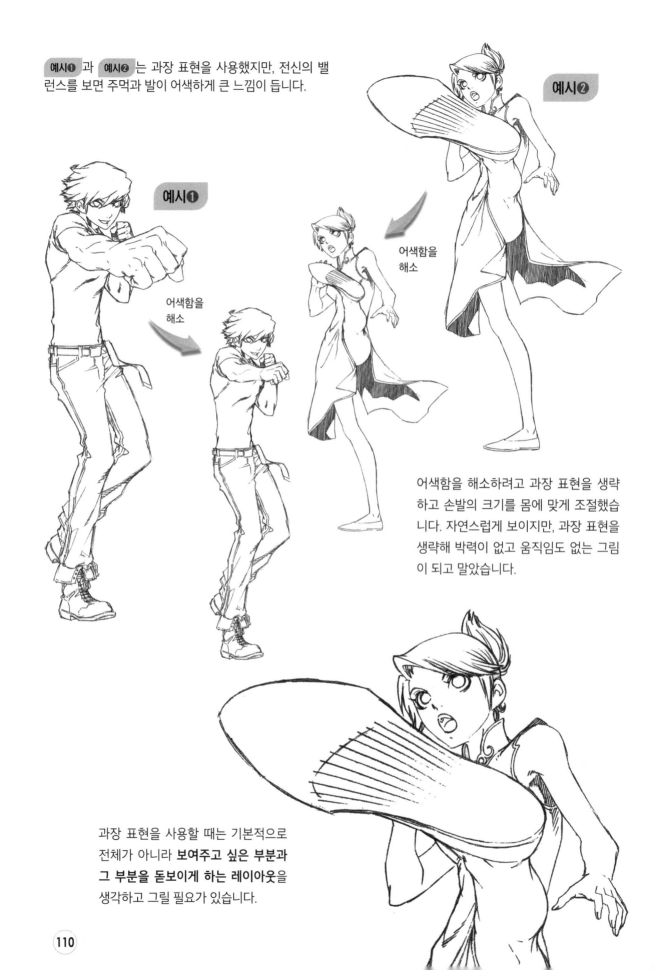

예시❶ 과 예시❷ 는 과장 표현을 사용했지만, 전신의 밸런스를 보면 주먹과 발이 어색하게 큰 느낌이 듭니다.

예시❶

예시❷

어색함을
해소

어색함을
해소

어색함을 해소하려고 과장 표현을 생략하고 손발의 크기를 몸에 맞게 조절했습니다. 자연스럽게 보이지만, 과장 표현을 생략해 박력이 없고 움직임도 없는 그림이 되고 말았습니다.

과장 표현을 사용할 때는 기본적으로 전체가 아니라 **보여주고 싶은 부분과 그 부분을 돋보이게 하는 레이아웃**을 생각하고 그릴 필요가 있습니다.

# 테크닉③ 어안렌즈 표현

어안렌즈 표현은 작은 구멍이나 토이카메라 등으로 잘 알려진 표현 방법입니다. 최대 특징은 중앙이 크게 확장되고 나머지 부분은 압축되는 것입니다.

《보통》

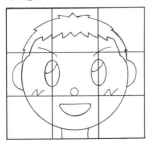

《어안렌즈의 원근》

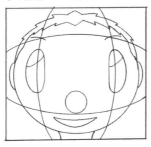

왼쪽 그림을 비교하면 사각형을 9분할한 선이 직선에서 곡선으로 바뀌는 것을 알 수 있습니다. 즉, 어안렌즈 표현을 사용할 때는 **가로세로의 중심 이외는 중앙 쪽으로 확장하듯이 왜곡되고, 직선은 곡선으로 바뀌는 것**입니다. 따라서 **보여주고 싶은 부분을 가장 앞쪽에 접근시킨 구도, 포즈**를 선택합니다.

## ● 어안렌즈 표현 그리는 법 ❶구체

**01**

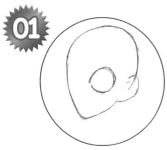

원을 그리고 중심에 보여주고 싶은 부분의 형태를 넣습니다. 이번에는 머리, 특히 왼쪽 눈을 원의 중심에 둡니다.

**Point!!**

렌즈에 최대한 접근한 이미지로 크게 그리는 것이 포인트.

**02**

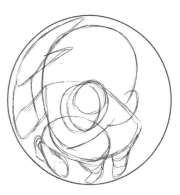

머리로 가려진 부분도 포함해 몸의 형태를 넣었습니다.

목의 깊이와 허리의 굴곡도 단면을 그리듯이 입체감을 의식합니다. **중앙은 크게, 원 가장자리로 갈수록 작게 줄어드는 느낌으로 그립니다.**

**03**

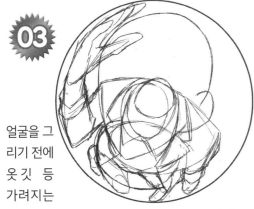

얼굴을 그리기 전에 옷깃 등 가려지는 부분의 형태를 그려 두지 않으면 정확한 위치를 잡기가 어렵습니다.

**04**

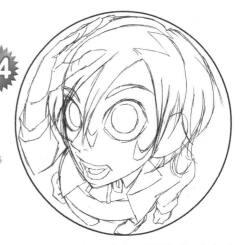

왼쪽 눈과 주변을 크게, 코에서 오른쪽 눈은 약간 작게, 얼굴도 원근감을 의식하고 그립니다.

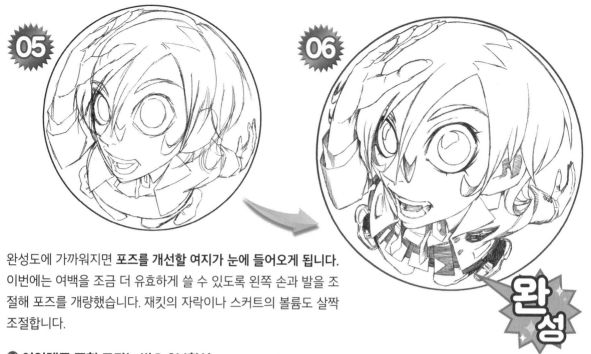

완성도에 가까워지면 **포즈를 개선할 여지가 눈에 들어오게 됩니다.**
이번에는 여백을 조금 더 유효하게 쓸 수 있도록 왼쪽 손과 발을 조
절해 포즈를 개량했습니다. 재킷의 자락이나 스커트의 볼륨도 살짝
조절합니다.

## ● 어안렌즈 표현 그리는 법❷ 9분할선

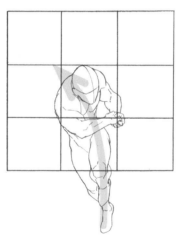

우선 그리고 싶
은 포즈의 형태
를 확실히 그리
고, **확대하고 싶
은 부분을 중심**
으로 **9분할선**을
긋습니다.

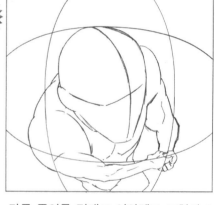

다른 종이를 덧대고 어안렌즈 표현의 9
분할선을 긋고, 분할선을 기준으로 「구
체」처럼 어안렌즈 표현의 틀을 그립니다.

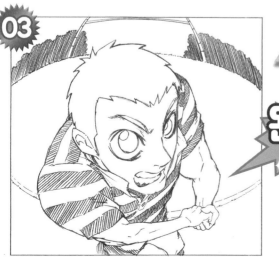

**Point!!**

예시는 이해하기 쉽게 극단적인
어안으로 설정했지만, 곡선이 약
하고 느슨한 어안렌즈 표현도 가
능합니다.

이쪽으로 태클을 해오는 임팩트와 박력을 강조하려고 어
안렌즈 표현을 사용했습니다.

# *03* 보여 주고 싶은 것을 표현할 수 있는 「각도」

이번 항목에서는 보여주고 싶은 부분을 대담한 「각도」로 표현해 강조하는 방법을 소개합니다.

## 앵글① 로우앵글

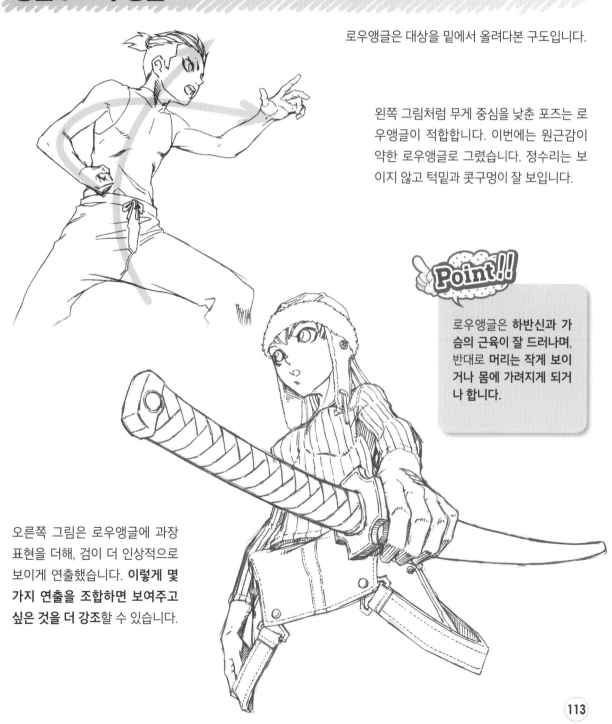

로우앵글은 대상을 밑에서 올려다본 구도입니다.

왼쪽 그림처럼 무게 중심을 낮춘 포즈는 로우앵글이 적합합니다. 이번에는 원근감이 약한 로우앵글로 그렸습니다. 정수리는 보이지 않고 턱밑과 콧구멍이 잘 보입니다.

Point!!

로우앵글은 **하반신과 가슴의 근육이 잘 드러나며**, 반대로 머리는 작게 보이거나 몸에 가려지게 되거나 합니다.

오른쪽 그림은 로우앵글에 과장 표현을 더해, 검이 더 인상적으로 보이게 연출했습니다. **이렇게 몇 가지 연출을 조합하면 보여주고 싶은 것을 더 강조**할 수 있습니다.

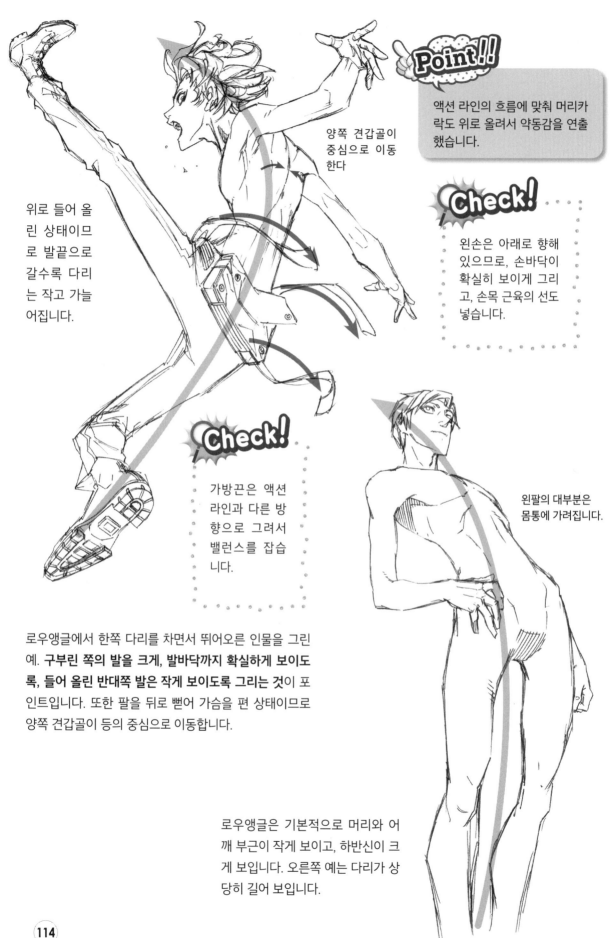

액션 라인의 흐름에 맞춰 머리카락도 위로 올려서 약동감을 연출했습니다.

Check!

왼손은 아래로 향해 있으므로, 손바닥이 확실히 보이게 그리고, 손목 근육의 선도 넣습니다.

양쪽 견갑골이 중심으로 이동한다

위로 들어 올린 상태이므로 발끝으로 갈수록 다리는 작고 가늘어집니다.

Check!

가방끈은 액션 라인과 다른 방향으로 그려서 밸런스를 잡습니다.

왼팔의 대부분은 몸통에 가려집니다.

로우앵글에서 한쪽 다리를 차면서 뛰어오른 인물을 그린 예. **구부린 쪽의 발을 크게, 발바닥까지 확실하게 보이도록, 들어 올린 반대쪽 발은 작게 보이도록 그리는 것이 포인트입니다.** 또한 팔을 뒤로 뻗어 가슴을 편 상태이므로 양쪽 견갑골이 등의 중심으로 이동합니다.

로우앵글은 기본적으로 머리와 어깨 부근이 작게 보이고, 하반신이 크게 보입니다. 오른쪽 예는 다리가 상당히 길어 보입니다.

# 앵글② 하이앵글

하이앵글은 로우앵글과 반대로 대상을 위에서 내려다본 구도입니다.

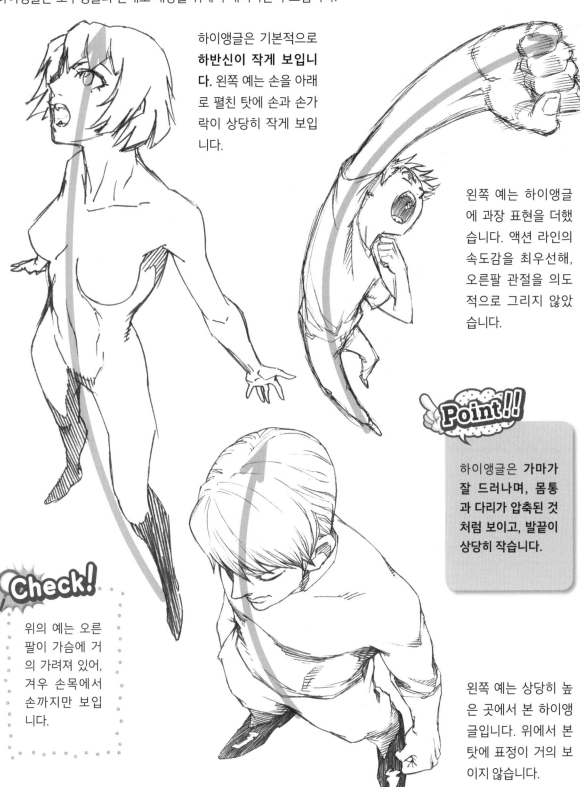

하이앵글은 기본적으로 **하반신이 작게 보입니다**. 왼쪽 예는 손을 아래로 펼친 탓에 손과 손가락이 상당히 작게 보입니다.

왼쪽 예는 하이앵글에 과장 표현을 더했습니다. 액션 라인의 속도감을 최우선해, 오른팔 관절을 의도적으로 그리지 않았습니다.

Point!!

하이앵글은 **가마가 잘 드러나며, 몸통과 다리가 압축된 것처럼 보이고, 발끝이 상당히 작습니다.**

Check!

위의 예는 오른팔이 가슴에 거의 가려져 있어, 겨우 손목에서 손까지만 보입니다.

왼쪽 예는 상당히 높은 곳에서 본 하이앵글입니다. 위에서 본 탓에 표정이 거의 보이지 않습니다.

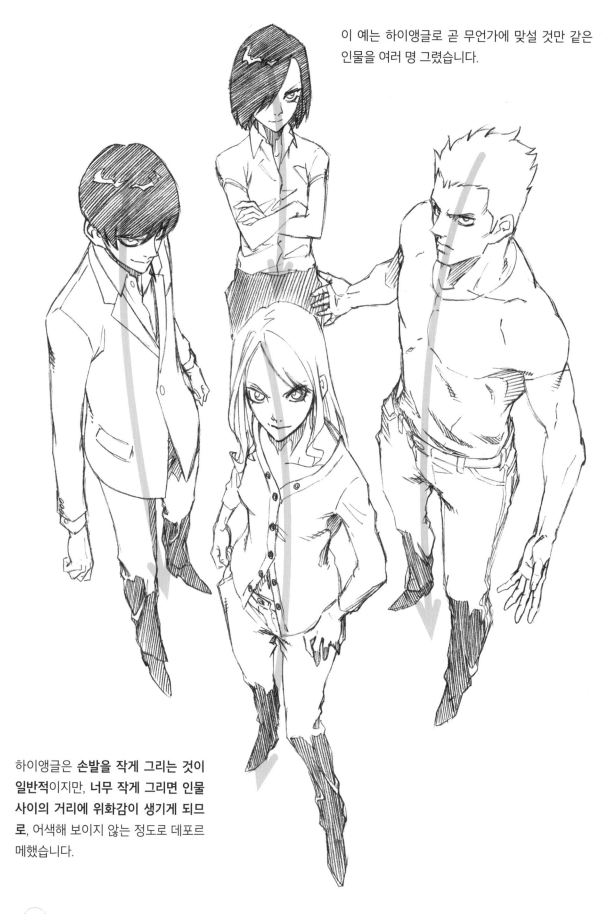

이 예는 하이앵글로 곧 무언가에 맞설 것만 같은
인물을 여러 명 그렸습니다.

하이앵글은 **손발을 작게 그리는 것이
일반적이지만, 너무 작게 그리면 인물
사이의 거리에 위화감이 생기게 되므
로**, 어색해 보이지 않는 정도로 데포르
메했습니다.

# 다양한 앵글로 그리려면

같은 포즈라도 보는 각도에 따라서 인상이 크게 다릅니다. 이미지나 보여주고 싶은 부분에 따라서 최적의 각도를 선택하는 것도 중요합니다. 이번에는 하나의 포즈를 26개의 각도로 살펴보겠습니다.

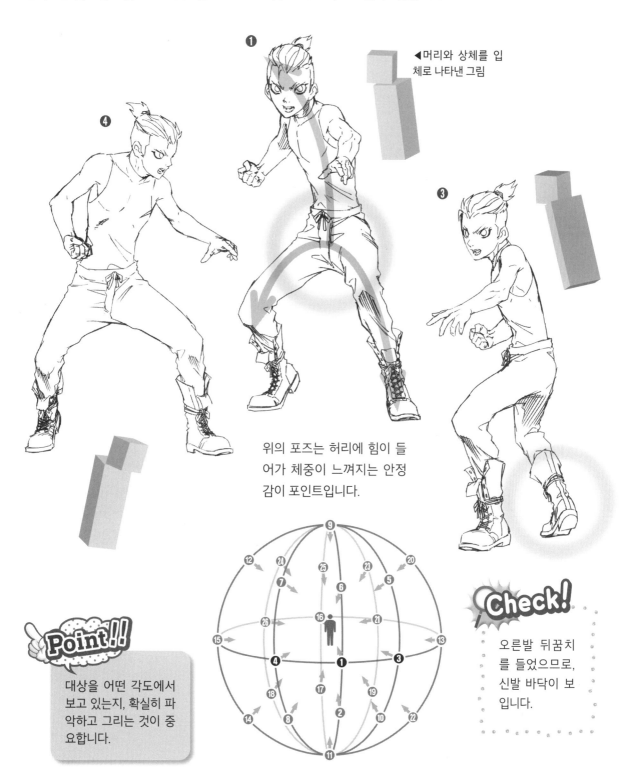

◀머리와 상체를 입체로 나타낸 그림

위의 포즈는 허리에 힘이 들어가 체중이 느껴지는 안정감이 포인트입니다.

**Point!!**

대상을 어떤 각도에서 보고 있는지, 확실히 파악하고 그리는 것이 중요합니다.

**Check!**

오른발 뒤꿈치를 들었으므로, 신발 바닥이 보입니다.

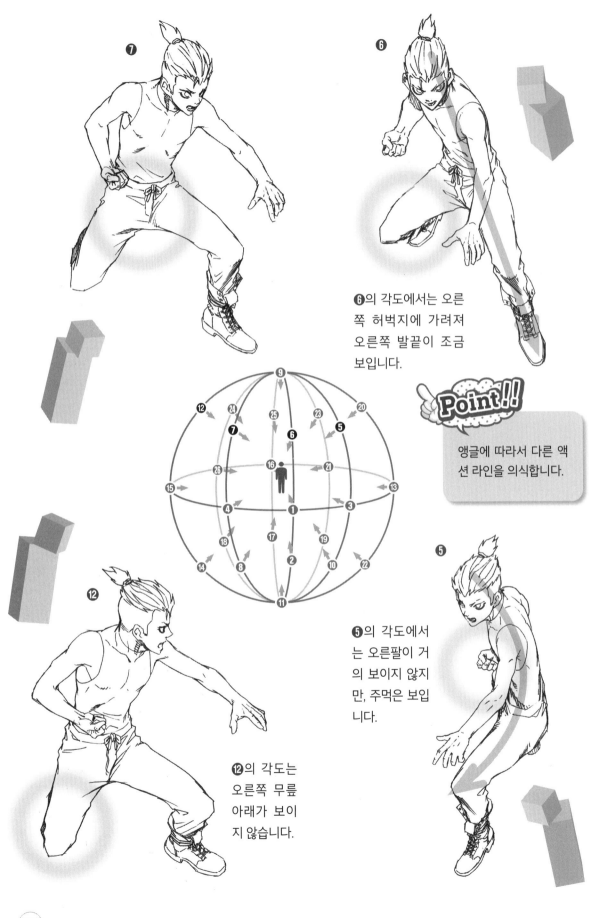

❻의 각도에서는 오른
쪽 허벅지에 가려져
오른쪽 발끝이 조금
보입니다.

Point!!

앵글에 따라서 다른 액
션 라인을 의식합니다.

❺의 각도에서
는 오른팔이 거
의 보이지 않지
만, 주먹은 보입
니다.

❶❷의 각도는
오른쪽 무릎
아래가 보이
지 않습니다.

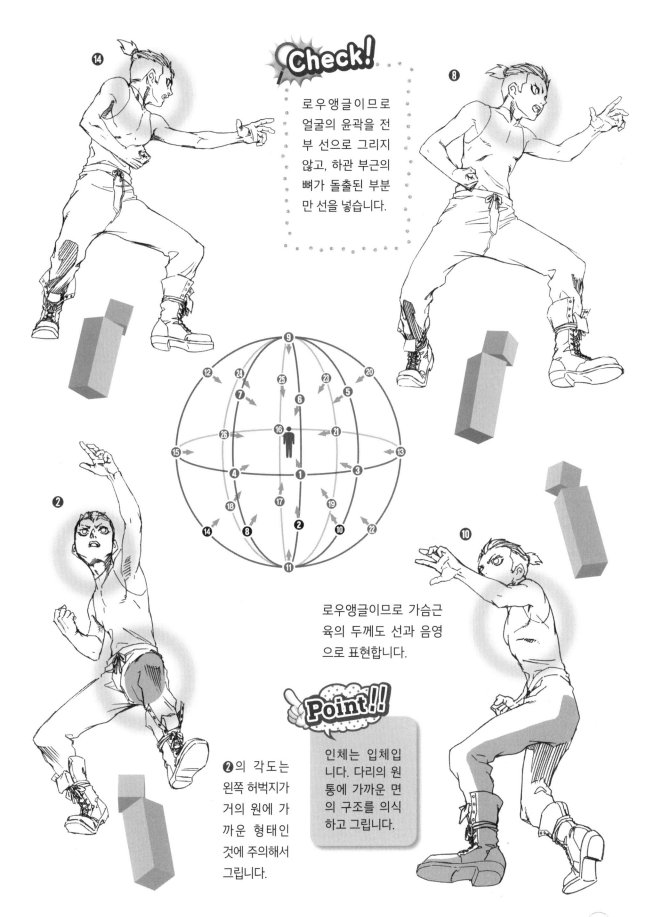

로우앵글이므로 얼굴의 윤곽을 전부 선으로 그리지 않고, 하관 부근의 뼈가 돌출된 부분만 선을 넣습니다.

로우앵글이므로 가슴근육의 두께도 선과 음영으로 표현합니다.

Point!!

인체는 입체입니다. 다리의 원통에 가까운 면의 구조를 의식하고 그립니다.

❷의 각도는 왼쪽 허벅지가 거의 원에 가까운 형태인 것에 주의해서 그립니다.

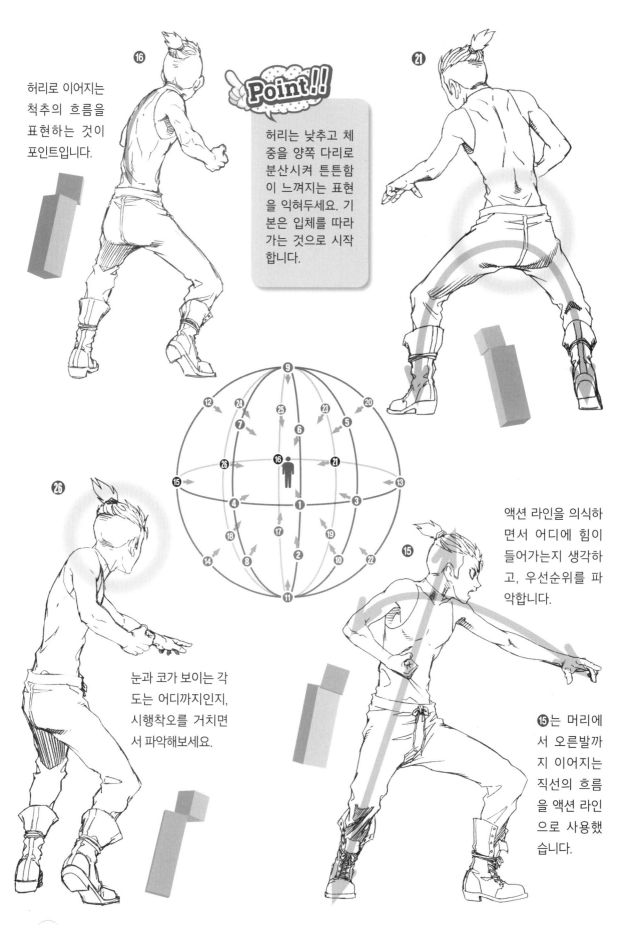

⑯ 허리로 이어지는 척추의 흐름을 표현하는 것이 포인트입니다.

## Point!!

허리는 낮추고 체중을 양쪽 다리로 분산시켜 튼튼함이 느껴지는 표현을 익혀두세요. 기본은 입체를 따라가는 것으로 시작합니다.

㉑

⑳ 눈과 코가 보이는 각도는 어디까지인지, 시행착오를 거치면서 파악해보세요.

액션 라인을 의식하면서 어디에 힘이 들어가는지 생각하고, 우선순위를 파악합니다.

⑮는 머리에서 오른발까지 이어지는 직선의 흐름을 액션 라인으로 사용했습니다.

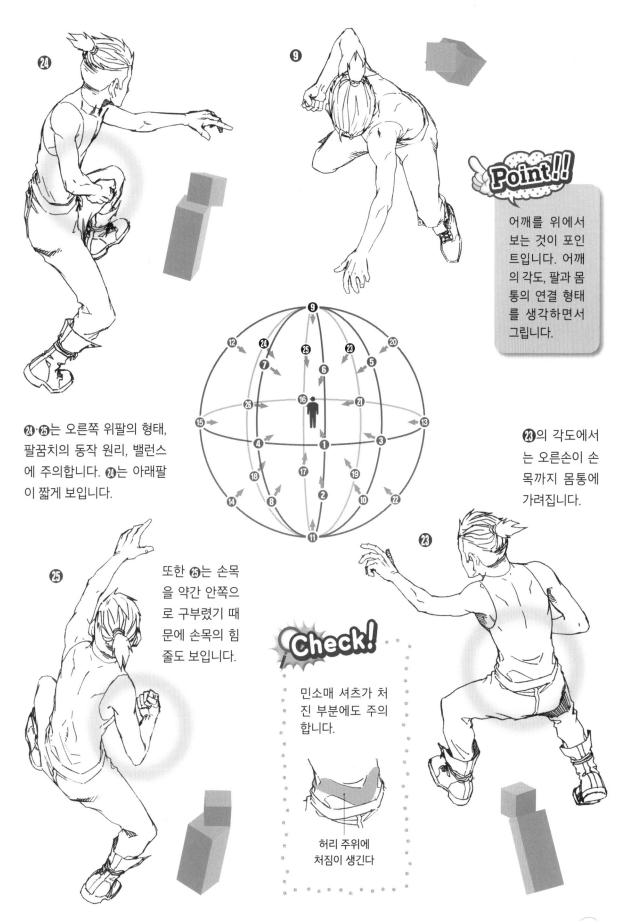

㉔

⑨

Point!!

어깨를 위에서 보는 것이 포인트입니다. 어깨의 각도, 팔과 몸통의 연결 형태를 생각하면서 그립니다.

㉔·㉕는 오른쪽 위팔의 형태, 팔꿈치의 동작 원리, 밸런스에 주의합니다. ㉔는 아래팔이 짧게 보입니다.

㉓의 각도에서는 오른손이 손목까지 몸통에 가려집니다.

㉕

또한 ㉕는 손목을 약간 안쪽으로 구부렸기 때문에 손목의 힘줄도 보입니다.

Check!

민소매 셔츠가 처진 부분에도 주의합니다.

허리 주위에 처짐이 생긴다

㉓

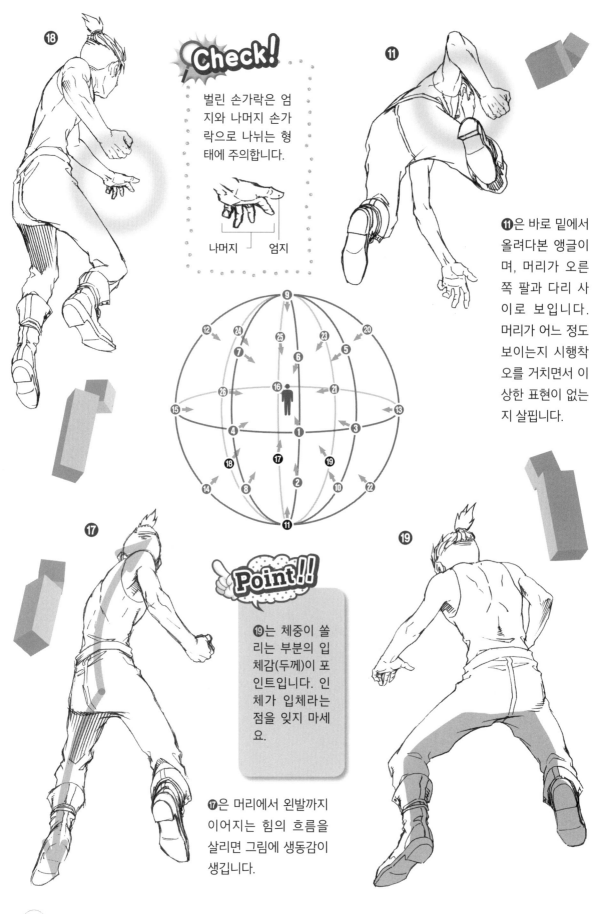

## Check!

벌린 손가락은 엄지와 나머지 손가락으로 나뉘는 형태에 주의합니다.

나머지 　엄지

⑪

⑪은 바로 밑에서 올려다본 앵글이며, 머리가 오른쪽 팔과 다리 사이로 보입니다. 머리가 어느 정도 보이는지 시행착오를 거치면서 이상한 표현이 없는지 살핍니다.

⑰

## Point!!

⑲는 체중이 쏠리는 부분의 입체감(두께)이 포인트입니다. 인체가 입체라는 점을 잊지 마세요.

⑰은 머리에서 왼발까지 이어지는 힘의 흐름을 살리면 그림에 생동감이 생깁니다.

⑲

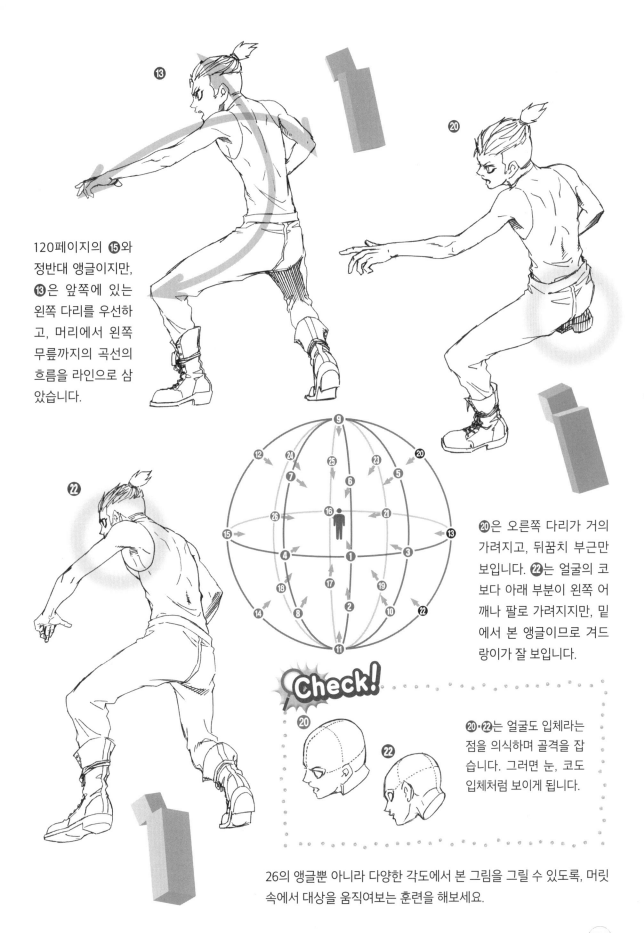

120페이지의 ⑮와 정반대 앵글이지만, ⑬은 앞쪽에 있는 왼쪽 다리를 우선하고, 머리에서 왼쪽 무릎까지의 곡선의 흐름을 라인으로 삼았습니다.

⑳은 오른쪽 다리가 거의 가려지고, 뒤꿈치 부근만 보입니다. ㉒는 얼굴의 코보다 아래 부분이 왼쪽 어깨나 팔로 가려지지만, 밑에서 본 앵글이므로 겨드랑이가 잘 보입니다.

Check!

⑳·㉒는 얼굴도 입체라는 점을 의식하며 골격을 잡습니다. 그러면 눈, 코도 입체처럼 보이게 됩니다.

26의 앵글뿐 아니라 다양한 각도에서 본 그림을 그릴 수 있도록, 머릿속에서 대상을 움직여보는 훈련을 해보세요.

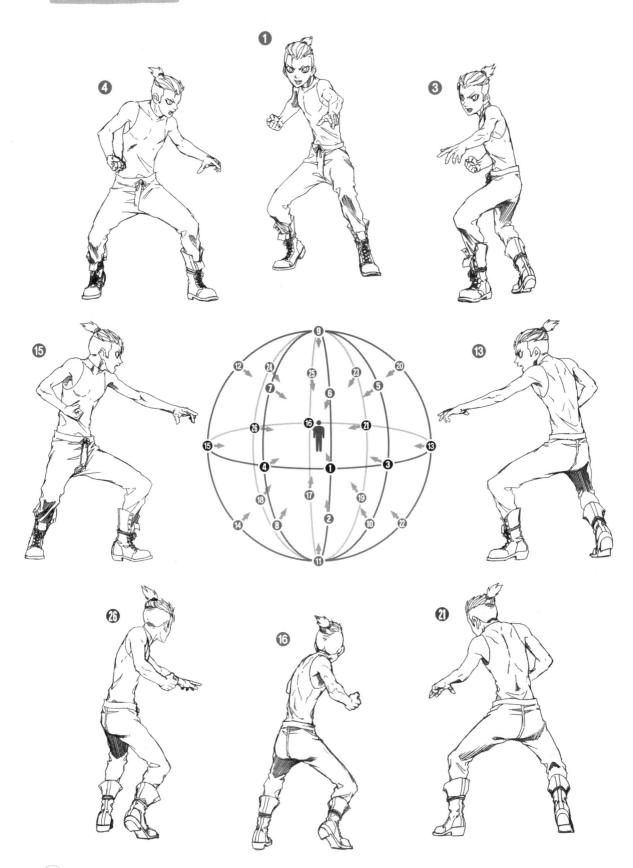

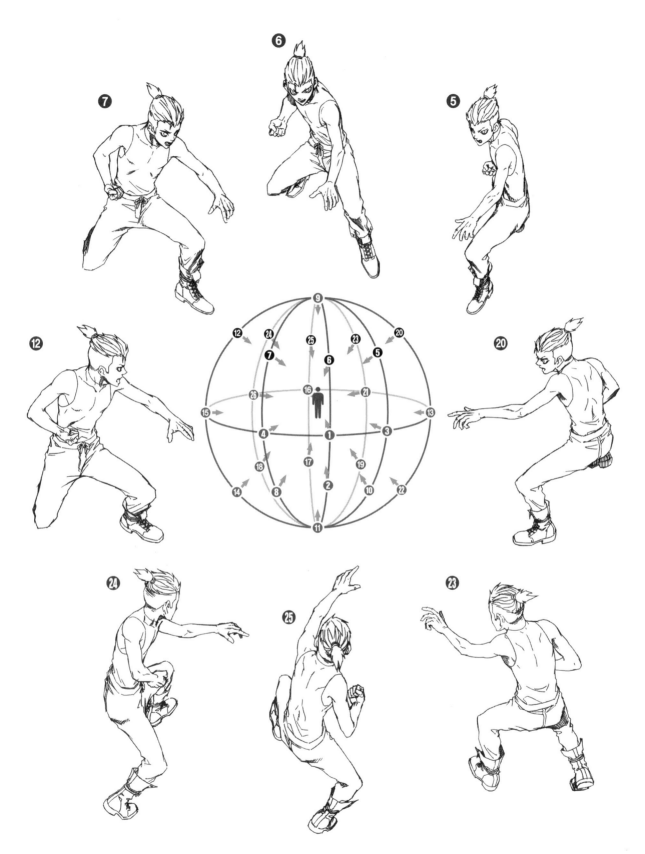

어떤 각도에서 보는지 파악하고, 머릿속에서 입체적으로 생각하면서 그립니다. 이미지와 보여주고 싶은 것에 적합한 앵글을 선택합니다.

그림을 그릴 때 모티브의 크기나 위치를 약간 바꾸기만 해도 인상이 달라집니다. 이번 항목에서는 그리는 사람의 의도를 표현하는 데 효과적인 「구도」를 살펴보겠습니다.

## 움직임을 살리는 다양한 구도

인물의 감정과 관계, 장면의 의도를 표현하는 데 중요한 구도를 잡는 방법을 예를 보면서 설명합니다. 우선 아래의 그림을 보세요.

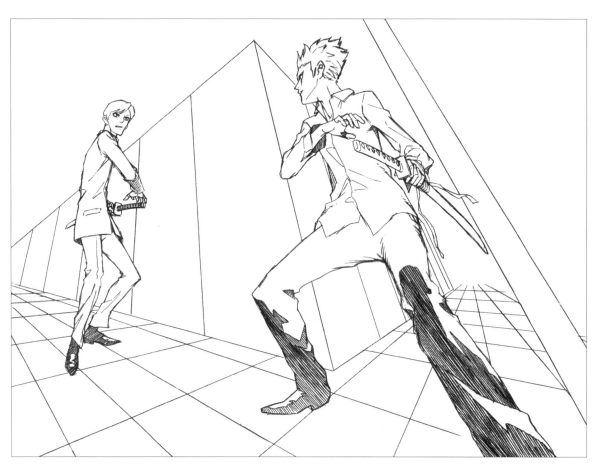

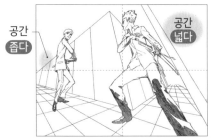

공간 좁다

공간 넓다

위의 그림은 광각 표현을 사용해서 그린 예입니다. **의도적으로 왼쪽 다리의 일부가 화면 밖으로 벗어나게 그려**, 박력이 느껴지는 원근감을 더했습니다. 앞쪽의 인물을 중앙에 가깝게 배치해, 이 인물이 중심이라는 점을 표현합니다. 안쪽 인물 뒤의 좁은 공간으로 인해, 이 인물이 궁지에 몰린 듯한 인상을 느낄 수 있습니다.

오른쪽 그림은 **인물이 달리는 방향으로 왜곡시킨** 예입니다. 인물의 전방에 넓은 공간을 만들어 넓은 경기장과 펼쳐진 하늘을 인물과 대등하게 보여주는 구도를 잡았습니다.

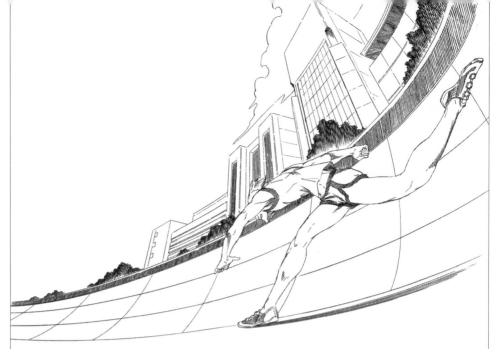

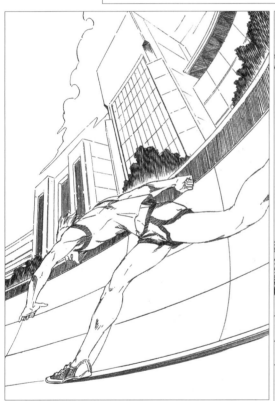

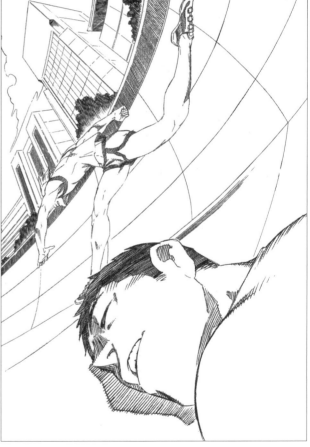

위의 그림은 인물을 중앙에 배치한 흔한 구도입니다. **한쪽 다리를 화면에 담지 않는 것**이 포인트이며, 이런 식으로 인물 전체를 담은 것보다 **속도와 박력, 크기**를 강조할 수 있습니다. 물론 화면에서 벗어난 부분에 대한 상상력을 자극할 수 있습니다. 한편 오른쪽 그림은 밑에 쓰러진 인물을 넣어서 급하게 달아나는 듯한 인상의 그림이 되었습니다. 크게 그린 쓰러진 인물 쪽으로 **시선이 유도되어 쓰러진 인물이 메인**이 되며, 달리는 인물의 인상이 옅어졌습니다.

## ● 배경과 액션 라인을 조합하는 법

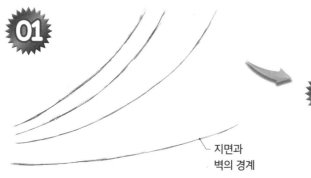

지면과
벽의 경계

127페이지 상단의 예를 그리는 과정을 순서대로
따라가면서 설명합니다. 우선 배경의 흐름을 생각
하고, 기준이 되는 안내선을 긋습니다.

127페이지 상단의 예

### Check!

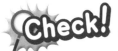

이 예는 **가장 아래의 라인이 지
면과 벽의 경계**입니다.

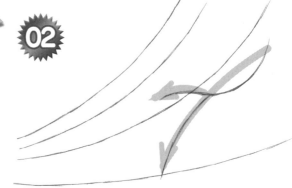

다음, 인물의 액션 라인을 넣습니다. 머리와 팔의 위치
를 정확히 잡을 수 없어, 먼저 몸통과 다리의 위치를 생
각하면서 라인을 긋습니다.

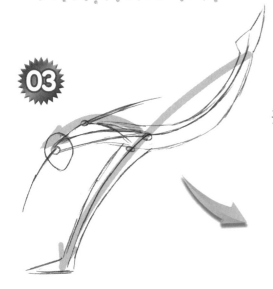

여기서 배경보다 먼저 인물의
작화를 진행합니다. 액션 라인
에 맞춰서 형태를 넣고 어깨의
위치를 정합니다.

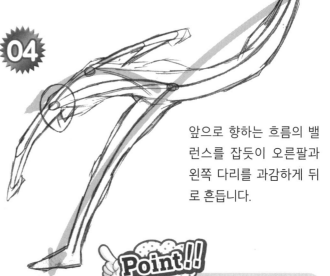

앞으로 향하는 흐름의 밸
런스를 잡듯이 오른팔과
왼쪽 다리를 과감하게 뒤
로 흔듭니다.

### Point!!

어깨와 팔이 가로지르듯이 머리를
숨기므로, 팔을 그리기 전에 형태
단계에서 머리의 위치와 형태를 잡
아두는 것이 포인트입니다.

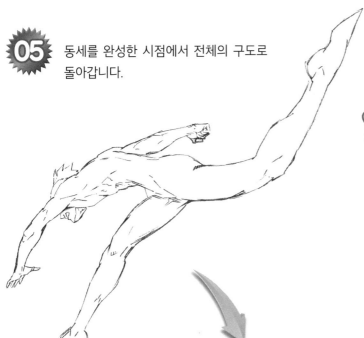

**05** 동세를 완성한 시점에서 전체의 구도로
돌아갑니다.

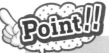

**Point!!**

왼쪽 다리를 뒤로 크게 들어 올리
면 왼쪽 발바닥은 완전히 위로 향
합니다. 이번에는 전속력으로 달리
는 인물이므로, 앞으로 크게 숙인
자세가 되었습니다. 액션 라인의
흐름에 맞춰서 팔은 그다지 구부리
지 않은 형태로 그립니다.

**Check!**

건물 등, 사각형인 사물도 안
내선에 맞춰서 곡선으로 그립
니다. 원근을 크게 왜곡시킨
상태이므로, 전방 위쪽, 왼쪽
으로 갈수록 작아지는 것을 알
고 구상합니다.

**06**

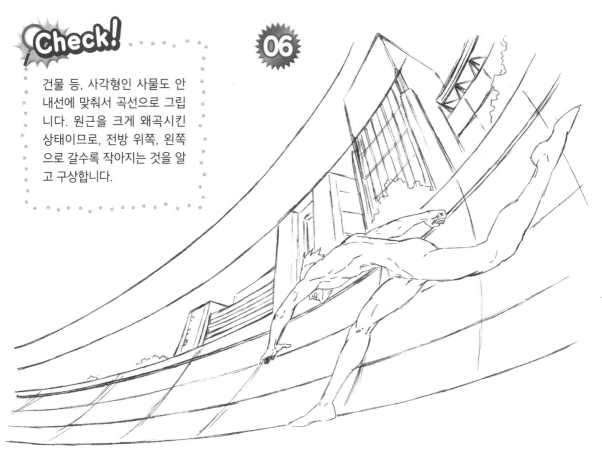

처음에 그은 안내선에 맞춰서 배경의 형태를 넣습니다.
여분의 선은 삭제하고, 깔끔하게 다시 그리면 완성(127
페이지 상단 참조)입니다.

# 액션 라인을 바탕으로 화면을 여러 명으로 구성한다

액션 라인은 인물의 움직임을 표현할 뿐 아니라, 인물을 그리는 데 그림의 흐름을 잡을 수 있는 라인으로 활용해도 유용합니다. 여러 명을 그릴 때 인물이 밸런스 좋게 배치된 그림을 완성하려면, 먼저 액션 라인을 사용해 구상하면 수월하게 그릴 수 있습니다.

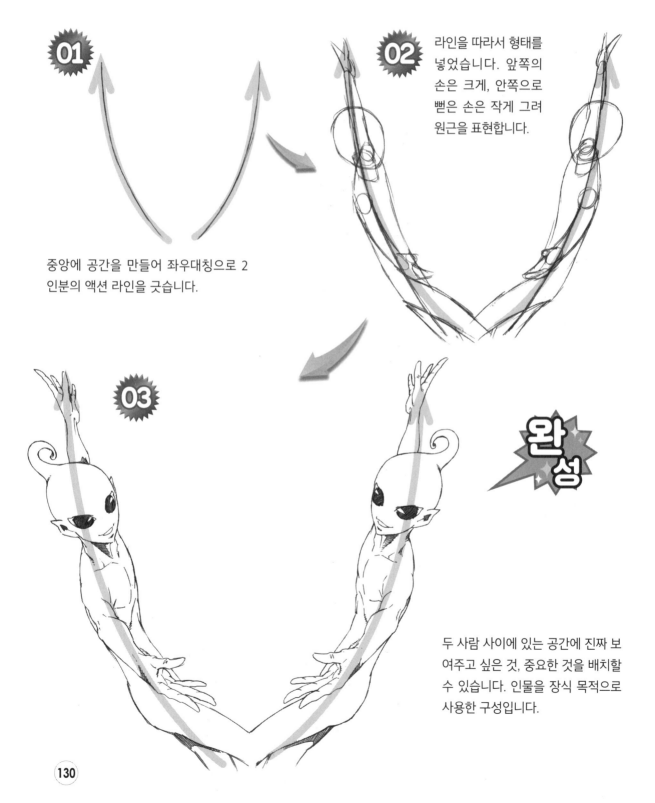

**01**

중앙에 공간을 만들어 좌우대칭으로 2인분의 액션 라인을 긋습니다.

**02** 라인을 따라서 형태를 넣었습니다. 앞쪽의 손은 크게, 안쪽으로 뻗은 손은 작게 그려 원근을 표현합니다.

**03**

**완성**

두 사람 사이에 있는 공간에 진짜 보여주고 싶은 것, 중요한 것을 배치할 수 있습니다. 인물을 장식 목적으로 사용한 구성입니다.

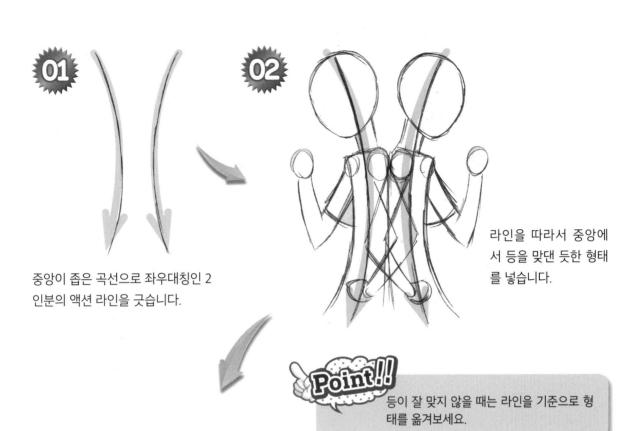

**01** 중앙이 좁은 곡선으로 좌우대칭인 2 인분의 액션 라인을 긋습니다.

**02** 라인을 따라서 중앙에 서 등을 맞댄 듯한 형태 를 넣습니다.

**Point!!** 등이 잘 맞지 않을 때는 라인을 기준으로 형 태를 옮겨보세요.

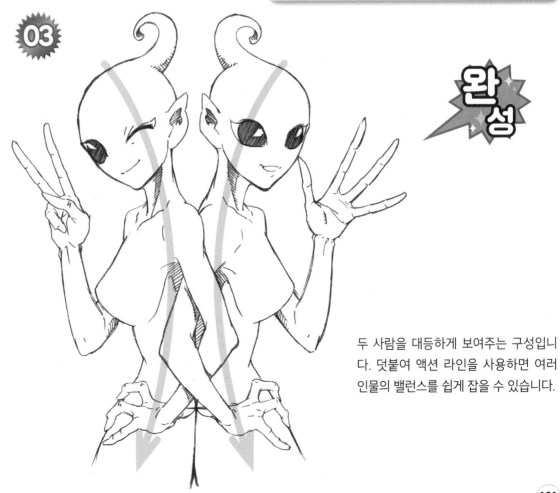

**03**

**완성**

두 사람을 대등하게 보여주는 구성입니 다. 덧붙여 액션 라인을 사용하면 여러 인물의 밸런스를 쉽게 잡을 수 있습니다.

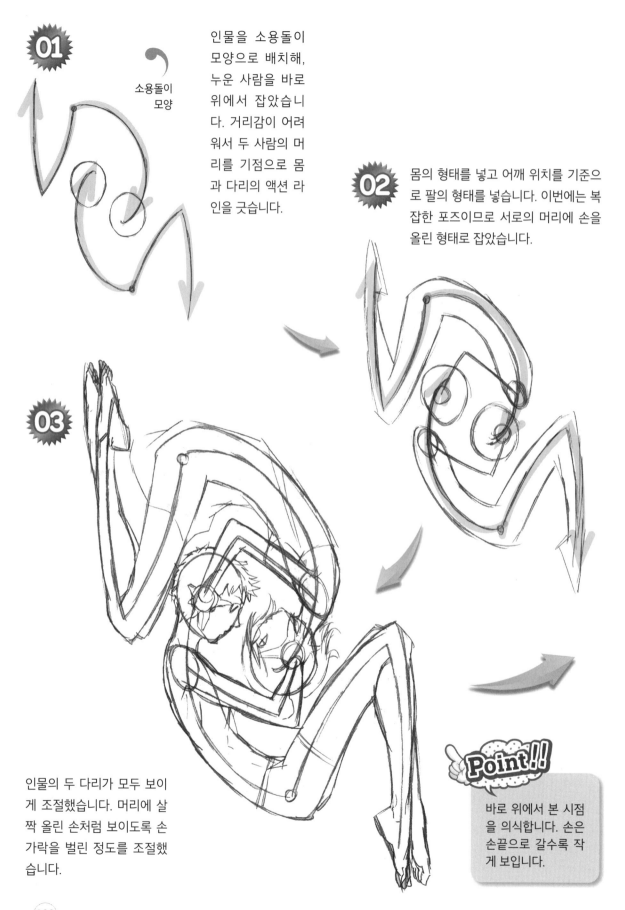

**01**

소용돌이
모양

인물을 소용돌이
모양으로 배치해,
누운 사람을 바로
위에서 잡았습니
다. 거리감이 어려
워서 두 사람의 머
리를 기점으로 몸
과 다리의 액션 라
인을 긋습니다.

**02**

몸의 형태를 넣고 어깨 위치를 기준으
로 팔의 형태를 넣습니다. 이번에는 복
잡한 포즈이므로 서로의 머리에 손을
올린 형태로 잡았습니다.

**03**

인물의 두 다리가 모두 보이
게 조절했습니다. 머리에 살
짝 올린 손처럼 보이도록 손
가락을 벌린 정도를 조절했
습니다.

**Point!!**

바로 위에서 본 시점
을 의식합니다. 손은
손끝으로 갈수록 작
게 보입니다.

**04** 두 사람을 대등하게 묘사하면서 「두 사람만의 세계」처럼 폐쇄적인 이미지를 연출한 구성입니다. 보는 사람은 자연스럽게 인물의 관계를 상상하게 됩니다.

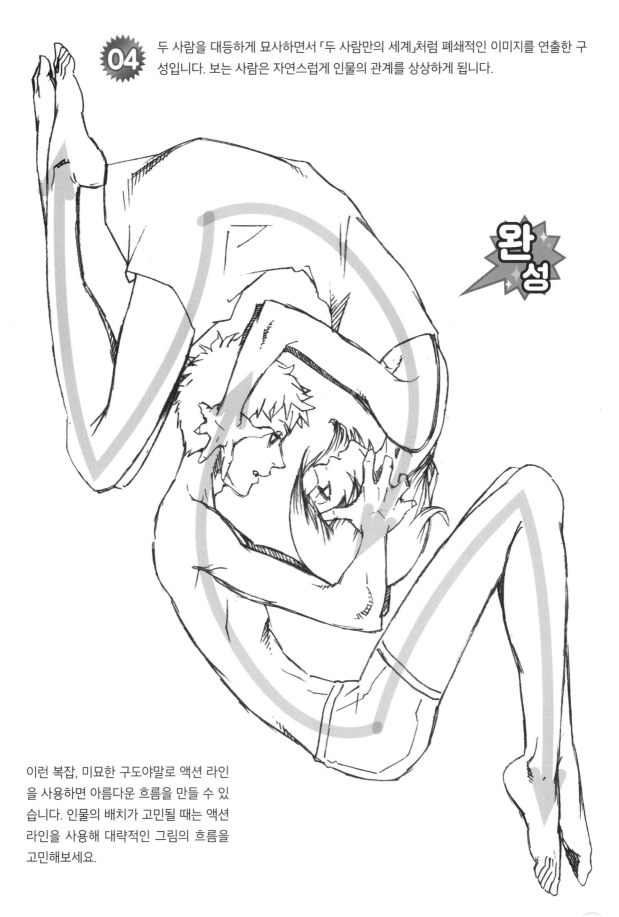

완성

이런 복잡, 미묘한 구도야말로 액션 라인을 사용하면 아름다운 흐름을 만들 수 있습니다. 인물의 배치가 고민될 때는 액션 라인을 사용해 대략적인 그림의 흐름을 고민해보세요.

## 많은 인물의 구도를 구성해보자

구도의 액션 라인을 사용하면 인물이 많은 일러스트의 구도도 어렵지 않게 구성할 수 있습니다.

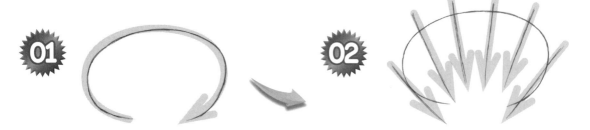

**01** 이번에는 인물을 원형으로 배치하는 구도이므로, 구도의 액션 라인을 타원형으로 넣습니다.

**02** 하이앵글을 생각하면서 인물을 배치하고 싶은 위치에 액션 라인을 넣습니다. 이번 예의 경우, 소실점은 아래쪽에만 있습니다.

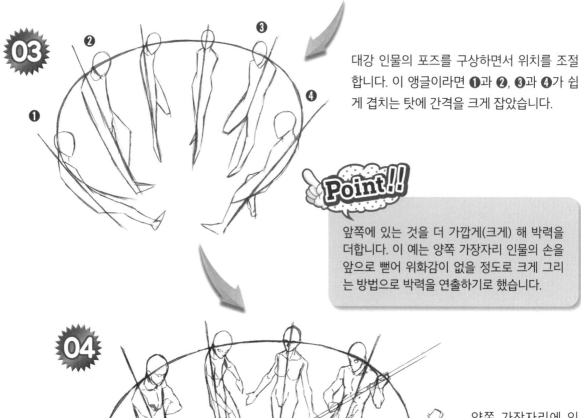

**03**

대강 인물의 포즈를 구상하면서 위치를 조절합니다. 이 앵글이라면 ❶과 ❷, ❸과 ❹가 쉽게 겹치는 탓에 간격을 크게 잡았습니다.

**Point!!**

앞쪽에 있는 것을 더 가깝게(크게) 해 박력을 더합니다. 이 예는 양쪽 가장자리 인물의 손을 앞으로 뻗어 위화감이 없을 정도로 크게 그리는 방법으로 박력을 연출하기로 했습니다.

**04**

양쪽 가장자리에 있는 인물의 팔을 펼쳤습니다. 이번에는 「천사와 악마의 회합」이라는 이미지이므로, 날개를 그릴 공간을 확보했습니다.

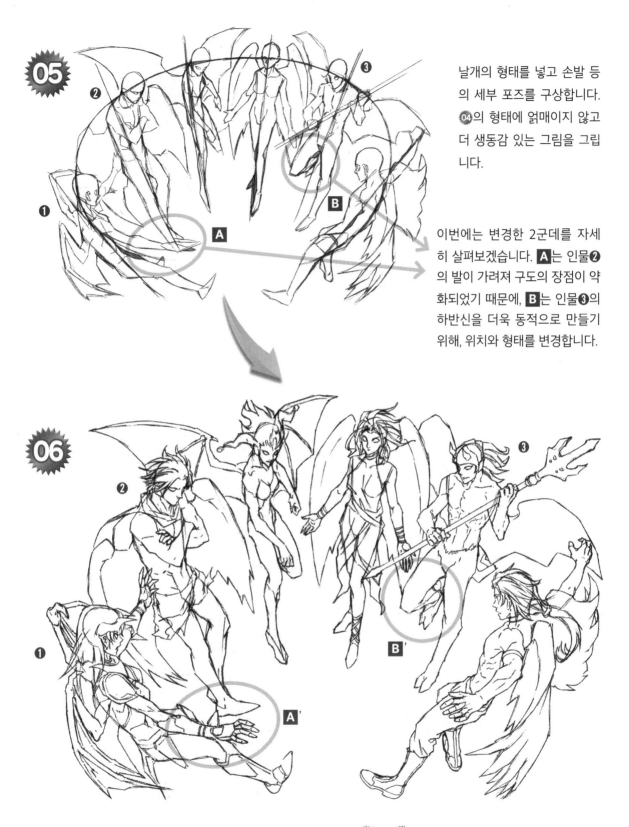

날개의 형태를 넣고 손발 등의 세부 포즈를 구상합니다. 04의 형태에 얽매이지 않고 더 생동감 있는 그림을 그립니다.

이번에는 변경한 2군데를 자세히 살펴보겠습니다. A는 인물❷의 발이 가려져 구도의 장점이 약화되었기 때문에, B는 인물❸의 하반신을 더욱 동적으로 만들기 위해, 위치와 형태를 변경합니다.

「움직임이 더 강한 그림」이 되도록 세부를 수정합니다. 05와 06을 비교하면 알 수 있듯이 A'는 ❷의 발을 보여주면서 ❶의 왼쪽 무릎과 발을 전부 가리지 않는 것이 포인트입니다. B'는 ❸의 오른발을 앞으로 약간 내밀어 발을 내리는 동작을 자연스럽게 상상하도록 만들 수 있습니다. 선을 정리하고 묘사를 더해 완성한 그림은 105페이지 하단을 참고하세요.

# 액션 라인을 나중에 적용해 「더 역동적」으로 표현할 수 있다

액션 라인을 나중에 그어서 포즈에 더욱 「약동감」을 더하는 방법도 있습니다. 막상 캐릭터를 그리고 보니 움직임이 느껴지지 않는 포즈가 되고 말았다……하는 상황에 유효합니다.

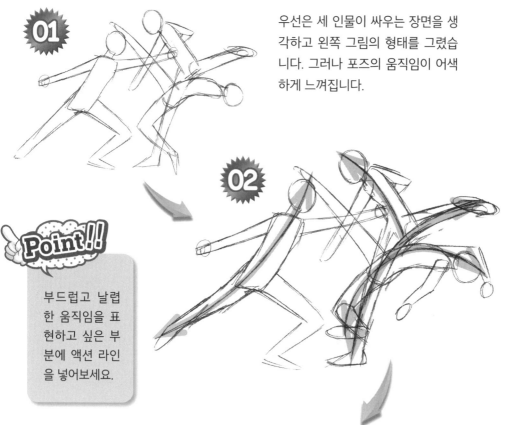

**01**

우선은 세 인물이 싸우는 장면을 생각하고 왼쪽 그림의 형태를 그렸습니다. 그러나 포즈의 움직임이 어색하게 느껴집니다.

**02**

각각의 인물에 액션 라인을 긋고, 라인의 흐름을 따라서 형태를 수정합니다. 직선이었던 부분을 곡선으로 바꿔주는 느낌입니다.

**Point!!**

부드럽고 날렵한 움직임을 표현하고 싶은 부분에 액션 라인을 넣어보세요.

형태를 세밀하게 잡아가는 과정에서 손과 다리는 특히 주의가 필요합니다. 「더 약동적으로 표현하려면」 어떻게 해야 하는지 생각하고, 조절, 수정하면서 진행합니다.

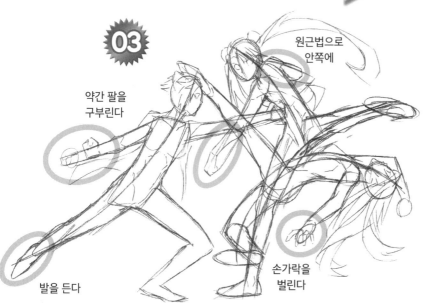

**03**

원근법으로 안쪽에

약간 팔을 구부린다

발을 든다

손가락을 벌린다

**Check!**

힘을 주지 않은 손은 손가락을 벌리기만 해도 움직임이 강해집니다.

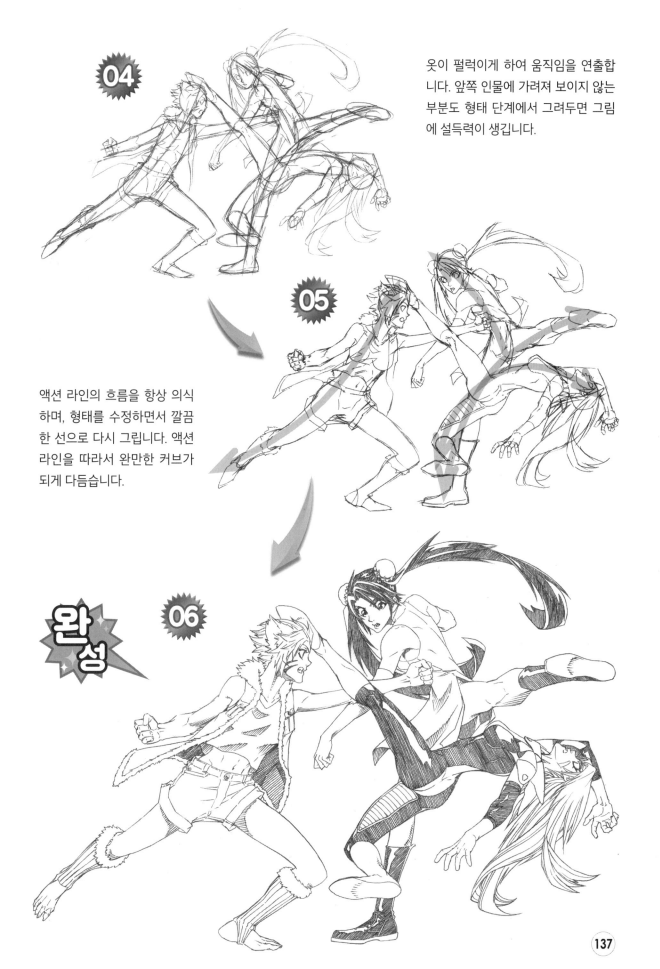

**04**

옷이 펄럭이게 하여 움직임을 연출합니다. 앞쪽 인물에 가려져 보이지 않는 부분도 형태 단계에서 그려두면 그림에 설득력이 생깁니다.

**05**

액션 라인의 흐름을 항상 의식하며, 형태를 수정하면서 깔끔한 선으로 다시 그립니다. 액션 라인을 따라서 완만한 커브가 되게 다듬습니다.

완성 **06**

# 실제 작화❸ 액션 라인을 나중에 적용한 예

136~137페이지처럼 액션 라인을 긋기 전에 여러 인물이 등장하는 그림을 구성하며, 「움직임이 느껴지는 포즈」가 되도록 「액션 라인을 나중에 사용하는 방법」을 사용합니다. 실제 작화 과정을 살펴보겠습니다.

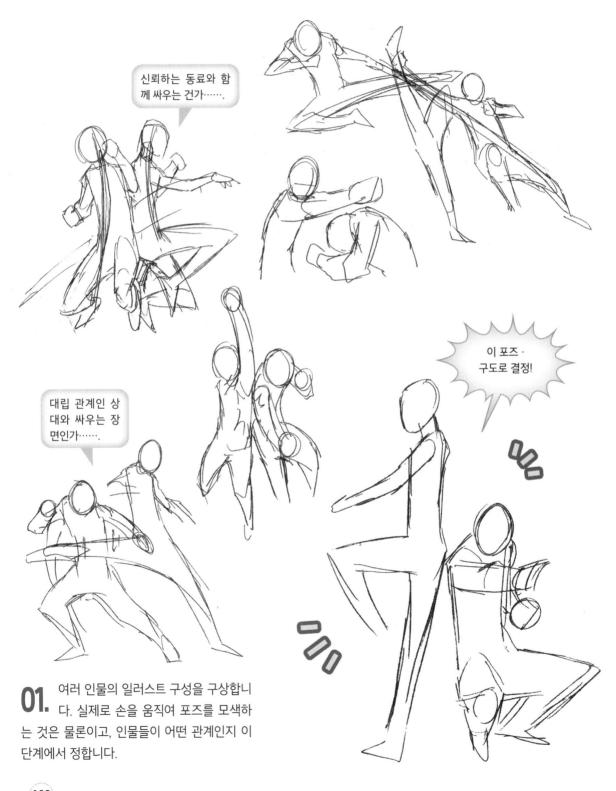

**01.** 여러 인물의 일러스트 구성을 구상합니다. 실제로 손을 움직여 포즈를 모색하는 것은 물론이고, 인물들이 어떤 관계인지 이 단계에서 정합니다.

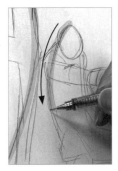
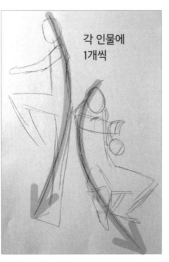

각 인물에
1개씩

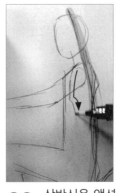
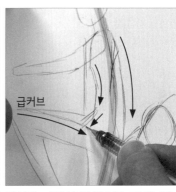

급커브

**02.** 포즈가 어색해서 액션 라인을 그었습니다. 지금부터 움직임을 매끄럽게 수정합니다.

**03.** 상반신을 액션 라인을 따라서 곡선으로 그립니다. 허벅지 라인을 급커브로 수정하고, 상반신과 하반신의 경계를 수정했습니다.

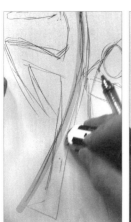
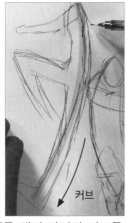

커브

**04.** 직선이었던 다리를 액션 라인의 커브를 따라 수정합니다. 인체 구조는 일단 머릿속에서 잠시 밀어내는 것이 중요합니다.

⚠️ 양쪽 모두 한쪽 다리는 액션 라인을 따라 가며, 반대쪽 다리는 액션 라인과 다른 방향으로 향합니다.

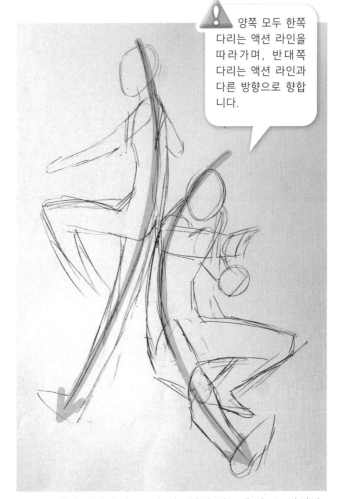

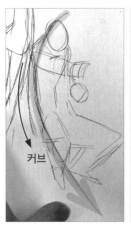
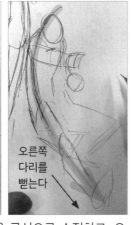

커브

오른쪽
다리를
뻗는다

**05.** 상반신의 흐름을 곡선으로 수정하고, 오른쪽 다리는 액션 라인을 따라서 곧게 뻗습니다.

**06.** 이전 페이지의 **01.**과 비교하면 한눈에 알 수 있지만, 날렵한 움직임이 느껴지는 포즈로 바뀌었습니다.

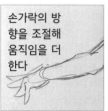

손가락의 방
향을 조절해
움직임을 더
한다

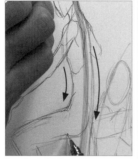

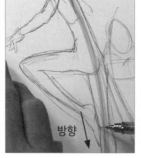

방향

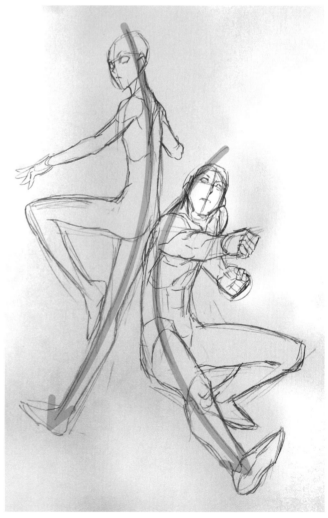

완만한
커브

**07.** 액션 라인의 흐름을 우선하며 완만한 곡선이 되게 그립니다. 왼발을 액션 라인 방향으로 수정해 액션 라인의 흐름을 강조했습니다.

⚠ 구부린 왼쪽 다리는 액션 라인의 흐름에서 벗어나지만, 발끝은 같은 방향으로 그린 것이 포인트입니다.

**08.** 07.과 마찬가지로 액션 라인을 따라서 상반신과 다리를 곡선이 되게 그립니다. 포즈가 부드러워지고 약동감이 강해집니다.

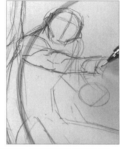

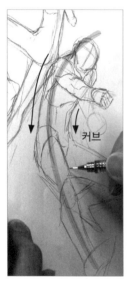

커브

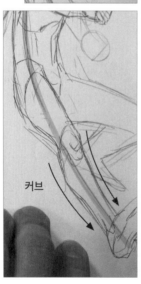

커브

**09.** 안쪽의 손은 어깨와의 연결에 주의합니다. 몸에 가려진 팔꿈치 등을 의식합니다.

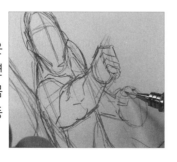

**10.** 형태를 완성했으므로, 다음은 머리카락과 옷의 형태를 넣습니다.

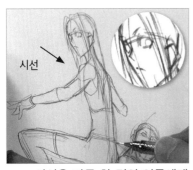

시선

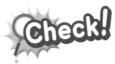

머리카락과 옷 등을 대강 정해두지 않으면, 완성도에 문제가 생길 수 있습니다.

**11.** 시선을 다른 한 명의 인물에게 향하는 형태로 눈동자의 모양을 그려 넣습니다.

옷의 형태를 넣는다

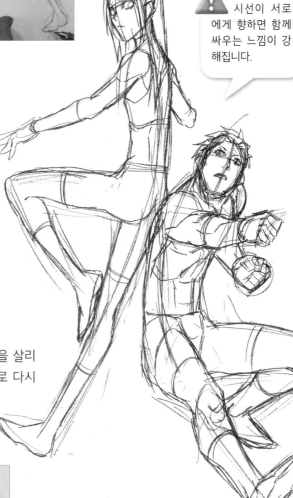

⚠ 시선이 서로에게 향하면 함께 싸우는 느낌이 강해집니다.

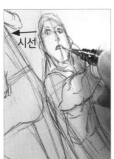

시선

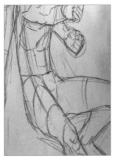

**12.** 시선이 등 쪽으로 향하고 입을 벌린 형태로 그렸습니다.

**13.** 형태 완성. 약동감을 살리면서 깔끔한 선으로 다시 그립니다.

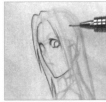

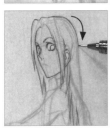

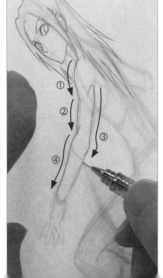

① ② ③ ④

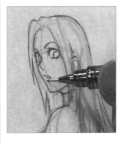

**14.** 여성 캐릭터의 얼굴과 머리카락, 오른팔부터 다시 그립니다. **12.**와 마찬가지로 입을 약간 벌려 표정에도 움직임을 더했습니다.

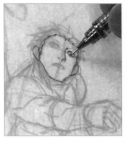 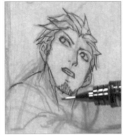 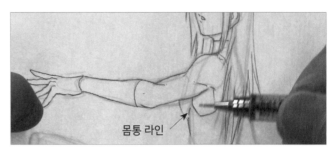

**15.** 남성 캐릭터의 얼굴 주위를 그립니다. 눈의 라인이 굵고 흐리면 인상이 약해지기 때문에 선명한 가는 선으로 진하게 그립니다.

**16.** 여성 캐릭터의 상반신을 그립니다. 유방보다도 몸통이 앞쪽으로 보이는 앵글이므로, 몸통 라인을 유방과의 경계에 가볍게 넣습니다.

몸통 라인

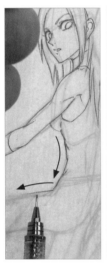 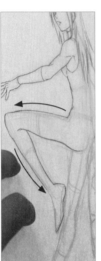 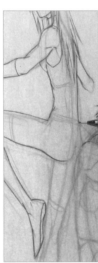 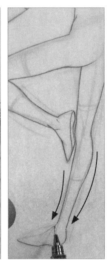 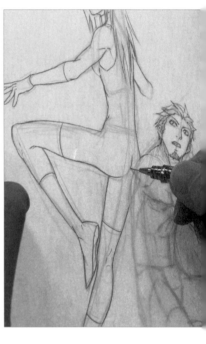

**17.** 위화감이 없을 정도로 완만한 곡선을 남기고, 상반신에서 하반신으로 이어지는 선을 넣습니다. 형태의 선이 겹치는 부분은 최적의 선을 선택해, 조금씩 다듬으면서 그리는 것이 포인트입니다.

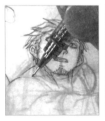 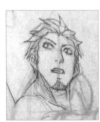 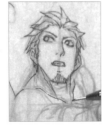

**18.** 남성 캐릭터의 어깨와 쇄골은 보이는 각도, 머리와의 연결을 생각하면서 그립니다.

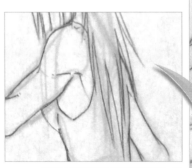 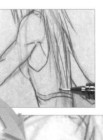 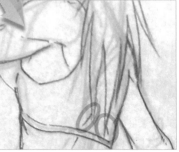

**19.** 여성 캐릭터의 머리카락은 의도적으로 나눠진 선을 넣어 리얼한 머리카락을 표현했습니다.

**20.** 남성 캐릭터의 오른손을 주먹에서 펼친 것으로 변경했습니다. 그러나 아직 만족스럽지 않습니다. 마지막 조절에서 다시 고민해보기로 했습니다.

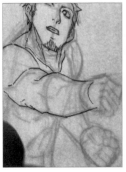 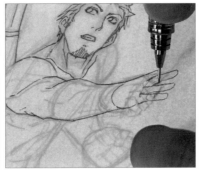

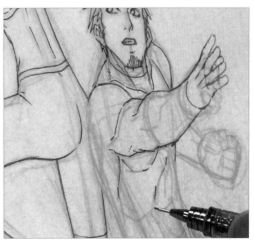

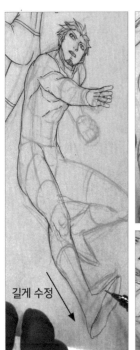 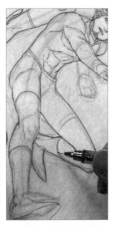

길게 수정

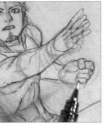

**21.** 액션 라인의 흐름과 약동감을 더 강조하려고 오른쪽 다리를 조금 길게 수정했습니다. 하반신까지 그린 뒤에 안쪽에 있는 왼손을 그립니다.

**22.** 선화를 거의 완성했습니다. 이제 최종 조절과 마무리에 들어갑니다.

이 책은 예시를 연필로 그렸습니다. 펜선 작업을 할 때는 선의 강약을 조절해, 좀 더 생동감이 느껴지게 표현합니다.

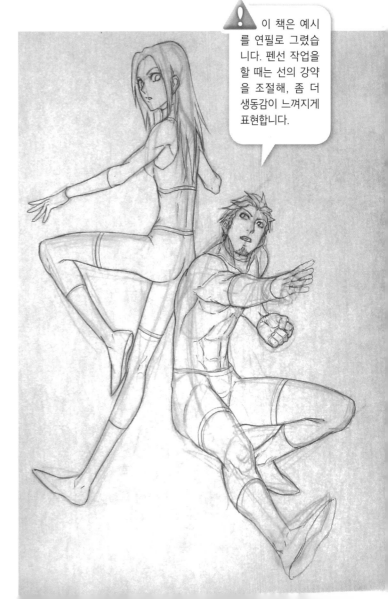

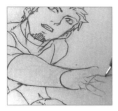 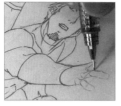

**23.** 20.에서 고민 했던 오른손 을 손가락을 벌린 형 태로 수정했습니다.

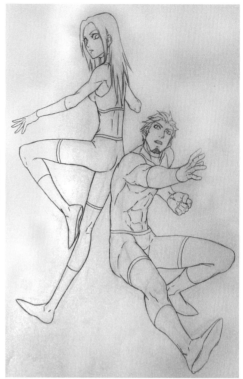

**24.** 이것으로 선 화는 완성입 니다. 납득이 갈 때 까지 수정했습니다.

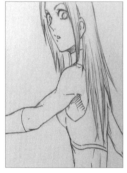 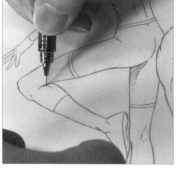

**25.** 겨드랑이, 허벅지, 무릎 뒤 등 62페이지와 마찬가지 로 최소한의 음영을 넣습니다.

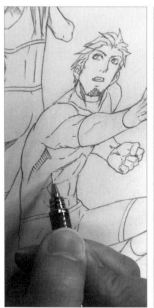 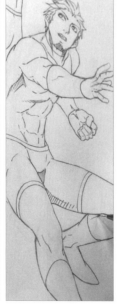 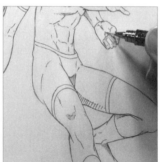 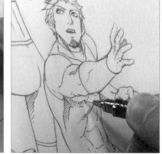

**26.** 팔과 다리를 뻗은 방향에 맞게 음영의 사선을 넣습니 다. 입체감과 약동감이 강해집니다.

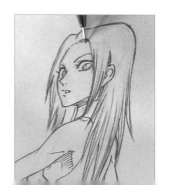

**27.** 머리카락의 경계에도 잊 지 않고 음영의 사선 을 넣었습니다.

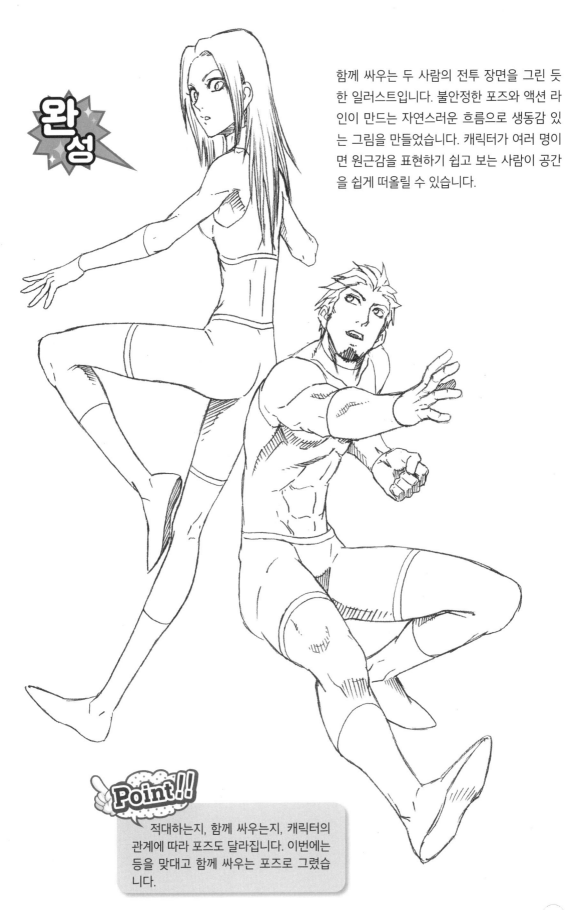

**완성**

함께 싸우는 두 사람의 전투 장면을 그린 듯
한 일러스트입니다. 불안정한 포즈와 액션 라
인이 만드는 자연스러운 흐름으로 생동감 있
는 그림을 만들었습니다. 캐릭터가 여러 명이
면 원근감을 표현하기 쉽고 보는 사람이 공간
을 쉽게 떠올릴 수 있습니다.

**Point!!**

적대하는지, 함께 싸우는지, 캐릭터의
관계에 따라 포즈도 달라집니다. 이번에는
등을 맞대고 함께 싸우는 포즈로 그렸습
니다.

# 05 약동감을 강조하는 「옷」의 움직임

인물을 더 약동적으로 표현할 수 있는 「옷」의 움직임을 설명합니다.

오른쪽 그림은 손으로 땅을 짚은 포즈. 약동감을 표현하기 힘들 때 판초를 넓게 펼쳐 움직임을 연출합니다. 이번에는 슬릿(트임)이 들어간 판초지만, 슬릿이 없는 완전한 원형이어도 괜찮습니다.

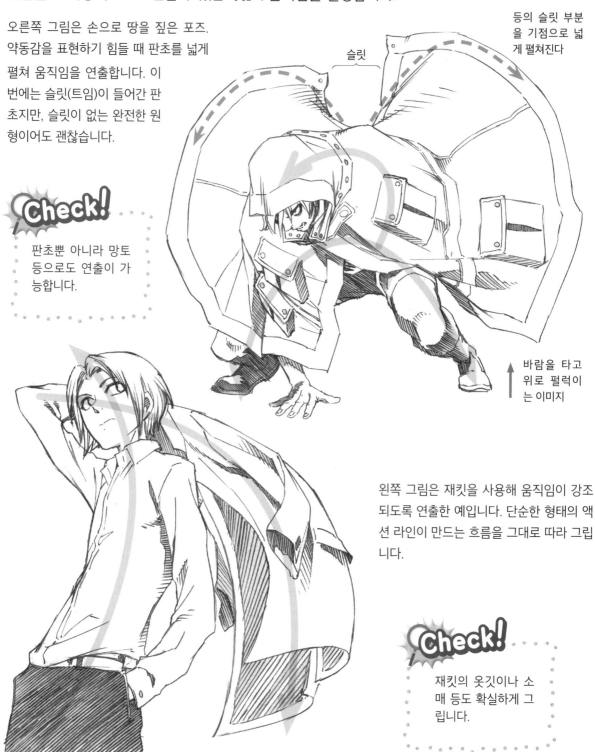

슬릿

등의 슬릿 부분을 기점으로 넓게 펼쳐진다

### Check!

판초뿐 아니라 망토 등으로도 연출이 가능합니다.

바람을 타고 위로 펄럭이는 이미지

왼쪽 그림은 재킷을 사용해 움직임이 강조되도록 연출한 예입니다. 단순한 형태의 액션 라인이 만드는 흐름을 그대로 따라 그립니다.

### Check!

재킷의 옷깃이나 소매 등도 확실하게 그립니다.

오른쪽 그림은 머플러를 사용한 예입니다. 길이를 활용해 펄럭이게 하면 바람의 움직임을 표현할 수 있습니다.

앞 뒤 앞 뒤 앞 뒤

머플러를 앞뒤로 휘 날리게 하여, 입체적 으로 그립니다.

# 펄럭이는 옷자락 그리는 법

옷의 움직임을 효과적으로 그리는 데 필요한 자연스럽게 펄럭이는 상의 표현 방법을 살펴보겠습니다.

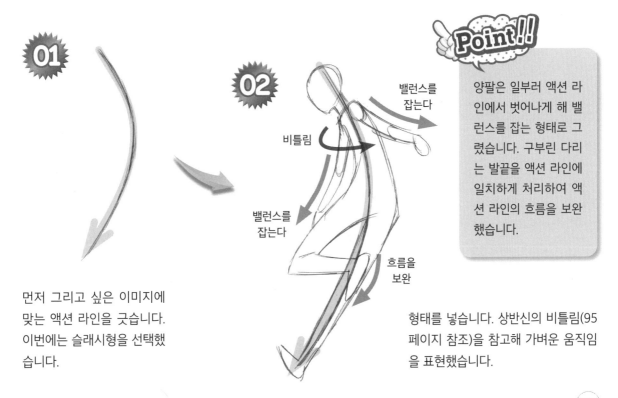

01

02

비틀림

밸런스를 잡는다

밸런스를 잡는다

흐름을 보완

**Point!!**

양팔은 일부러 액션 라인에서 벗어나게 해 밸런스를 잡는 형태로 그렸습니다. 구부린 다리는 발끝을 액션 라인에 일치하게 처리하여 액션 라인의 흐름을 보완했습니다.

먼저 그리고 싶은 이미지에 맞는 액션 라인을 긋습니다. 이번에는 슬래시형을 선택했습니다.

형태를 넣습니다. 상반신의 비틀림(95페이지 참조)을 참고해 가벼운 움직임을 표현했습니다.

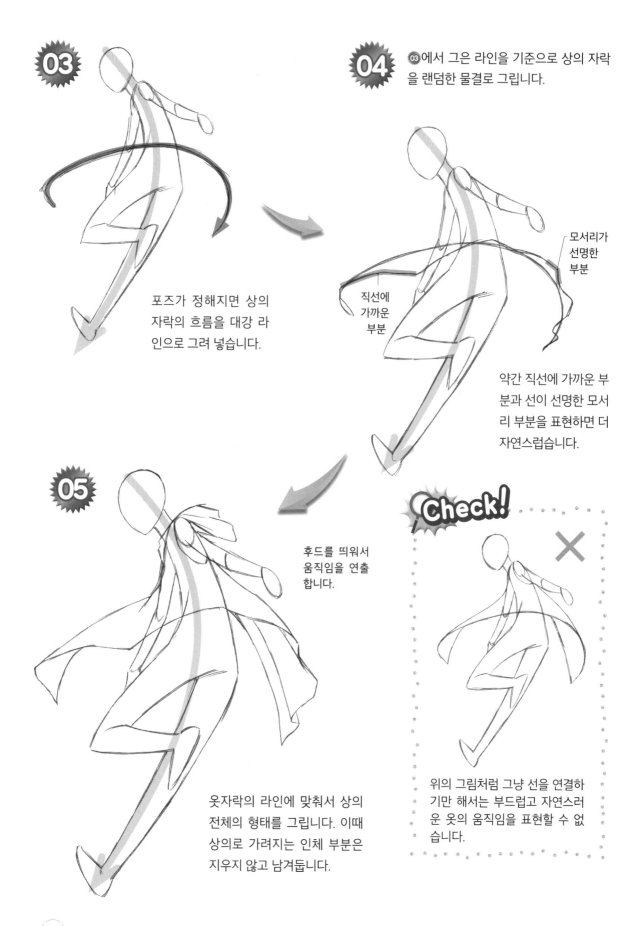

**03**

포즈가 정해지면 상의 자락의 흐름을 대강 라인으로 그려 넣습니다.

**04** ⓪③에서 그은 라인을 기준으로 상의 자락을 랜덤한 물결로 그립니다.

직선에 가까운 부분

모서리가 선명한 부분

약간 직선에 가까운 부분과 선이 선명한 모서리 부분을 표현하면 더 자연스럽습니다.

**05**

후드를 띄워서 움직임을 연출합니다.

옷자락의 라인에 맞춰서 상의 전체의 형태를 그립니다. 이때 상의로 가려지는 인체 부분은 지우지 않고 남겨둡니다.

**Check!**

✕

위의 그림처럼 그냥 선을 연결하기만 해서는 부드럽고 자연스러운 옷의 움직임을 표현할 수 없습니다.

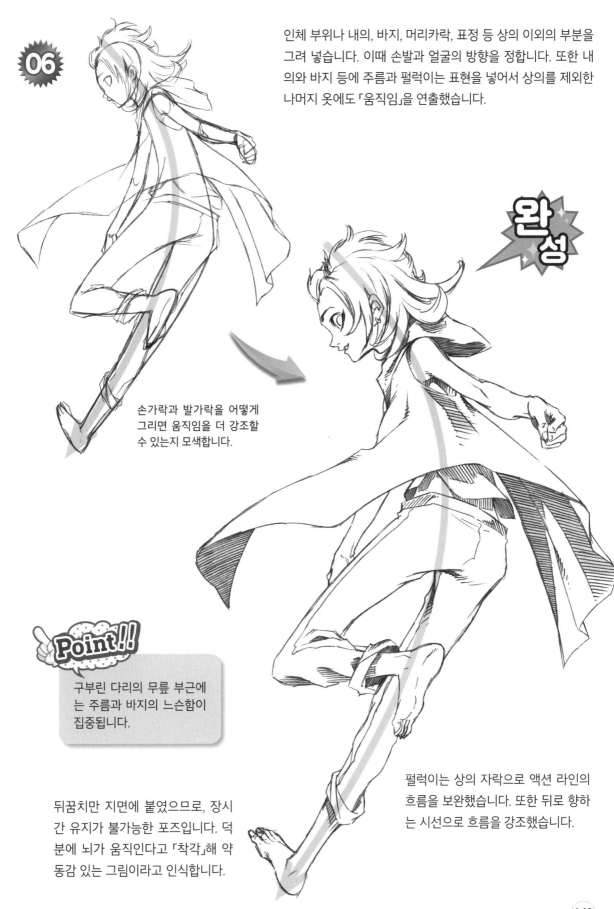

**06**

인체 부위나 내의, 바지, 머리카락, 표정 등 상의 이외의 부분을 그려 넣습니다. 이때 손발과 얼굴의 방향을 정합니다. 또한 내의와 바지 등에 주름과 펄럭이는 표현을 넣어서 상의를 제외한 나머지 옷에도 「움직임」을 연출했습니다.

**완성**

손가락과 발가락을 어떻게 그리면 움직임을 더 강조할 수 있는지 모색합니다.

**Point!!**

구부린 다리의 무릎 부근에 는 주름과 바지의 느슨함이 집중됩니다.

뒤꿈치만 지면에 붙었으므로, 장시 간 유지가 불가능한 포즈입니다. 덕 분에 뇌가 움직인다고 「착각」해 약 동감 있는 그림이라고 인식합니다.

펄럭이는 상의 자락으로 액션 라인의 흐름을 보완했습니다. 또한 뒤로 향하 는 시선으로 흐름을 강조했습니다.

# 주름을 그리는 데 필요한 기초 포인트

주름 그리는 법의 기본을 설명합니다. 액션 라인을 사용한 그림에 옷의 주름 표현을 더해, 약동감과 입체감을 강조합니다.

## 🌑 기본적인 주름의 종류

주름은 크게 「접힌 주름」, 「당겨진 주름」, 「처진 주름」으로 구분합니다. 기본적인 주름을 잘 그리면 그림에 입체감과 질감을 더할 수 있습니다.

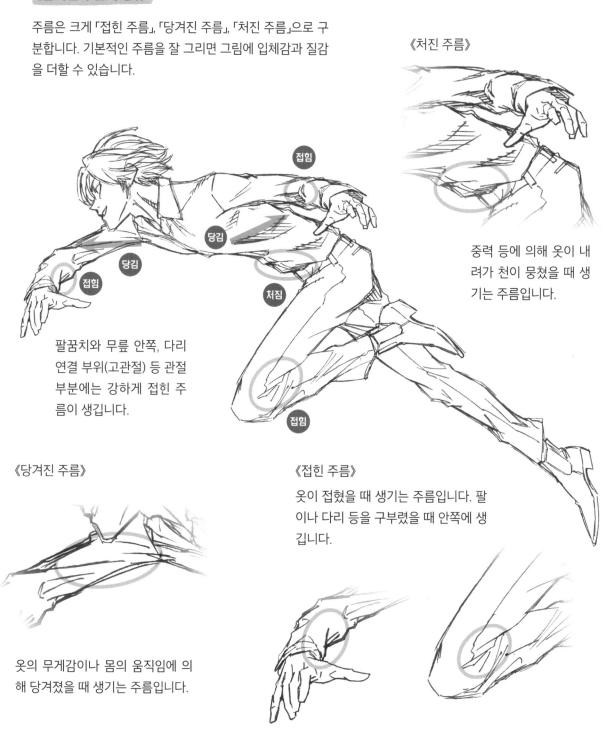

《처진 주름》

중력 등에 의해 옷이 내려가 천이 뭉쳤을 때 생기는 주름입니다.

팔꿈치와 무릎 안쪽, 다리 연결 부위(고관절) 등 관절 부분에는 강하게 접힌 주름이 생깁니다.

《당겨진 주름》

옷의 무게감이나 몸의 움직임에 의해 당겨졌을 때 생기는 주름입니다.

《접힌 주름》

옷이 접혔을 때 생기는 주름입니다. 팔이나 다리 등을 구부렸을 때 안쪽에 생깁니다.

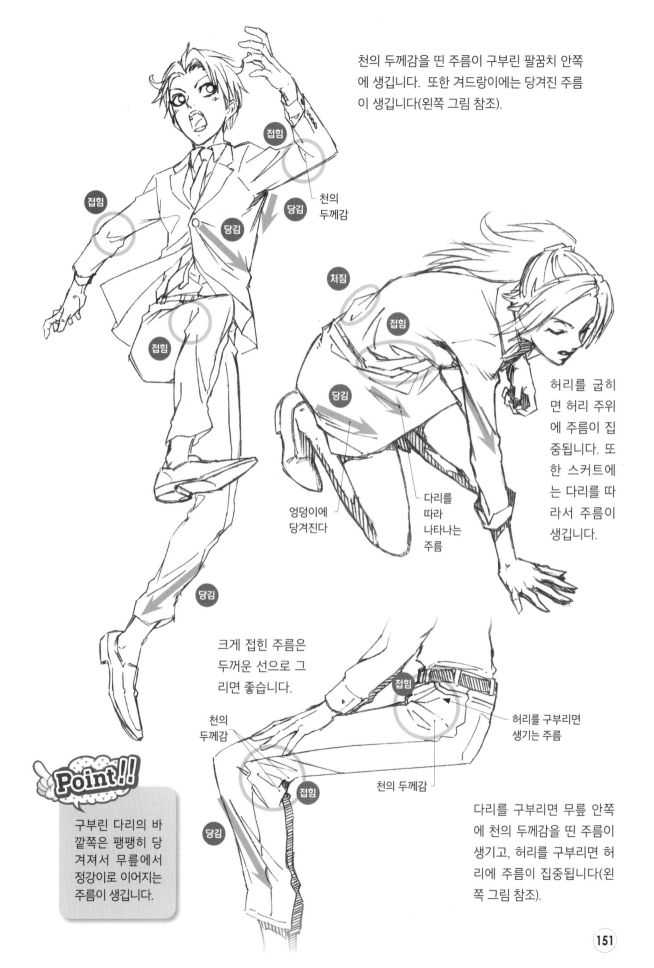

천의 두께감을 띤 주름이 구부린 팔꿈치 안쪽에 생깁니다. 또한 겨드랑이에는 당겨진 주름이 생깁니다(왼쪽 그림 참조).

접힘

접힘

접힘

당김

천의 두께감

당김

접힘

처짐

접힘

당김

허리를 굽히면 허리 주위에 주름이 집중됩니다. 또한 스커트에는 다리를 따라서 주름이 생깁니다.

엉덩이에 당겨진다

다리를 따라 나타나는 주름

당김

크게 접힌 주름은 두꺼운 선으로 그리면 좋습니다.

접힘

허리를 구부리면 생기는 주름

천의 두께감

천의 두께감

접힘

당김

다리를 구부리면 무릎 안쪽에 천의 두께감을 띤 주름이 생기고, 허리를 구부리면 허리에 주름이 집중됩니다(왼쪽 그림 참조).

**Point!!**

구부린 다리의 바깥쪽은 팽팽히 당겨져서 무릎에서 정강이로 이어지는 주름이 생깁니다.

# 06 움직임에 따라 나부끼는 「머리카락」 표현

액션 라인으로 그린 인물의 움직임에 맞춰서 나부끼는 「머리카락」을 효과적으로 그려서, 약동감을 더 강하게 연출합니다.

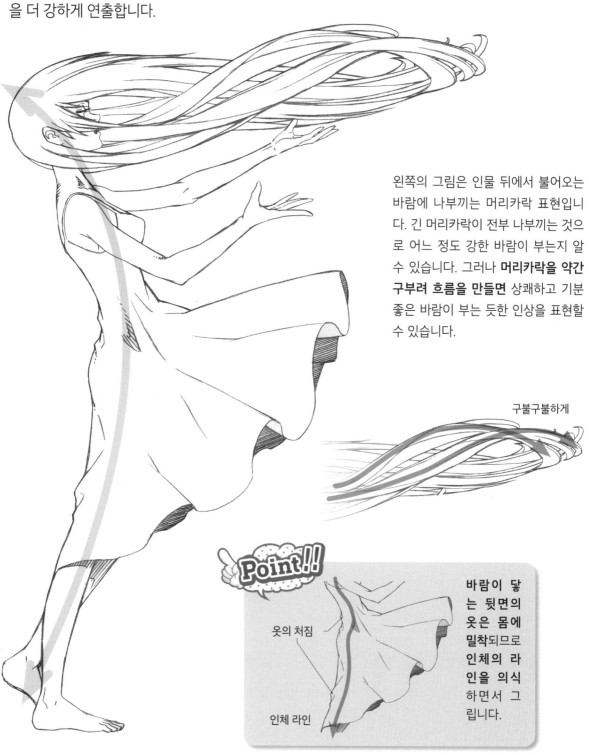

왼쪽의 그림은 인물 뒤에서 불어오는 바람에 나부끼는 머리카락 표현입니다. 긴 머리카락이 전부 나부끼는 것으로 어느 정도 강한 바람이 부는지 알 수 있습니다. 그러나 **머리카락을 약간 구부려 흐름을 만들면** 상쾌하고 기분 좋은 바람이 부는 듯한 인상을 표현할 수 있습니다.

구불구불하게

Point!!

옷의 처짐

인체 라인

바람이 닿는 뒷면의 옷은 몸에 밀착되므로 인체의 라인을 의식하면서 그립니다.

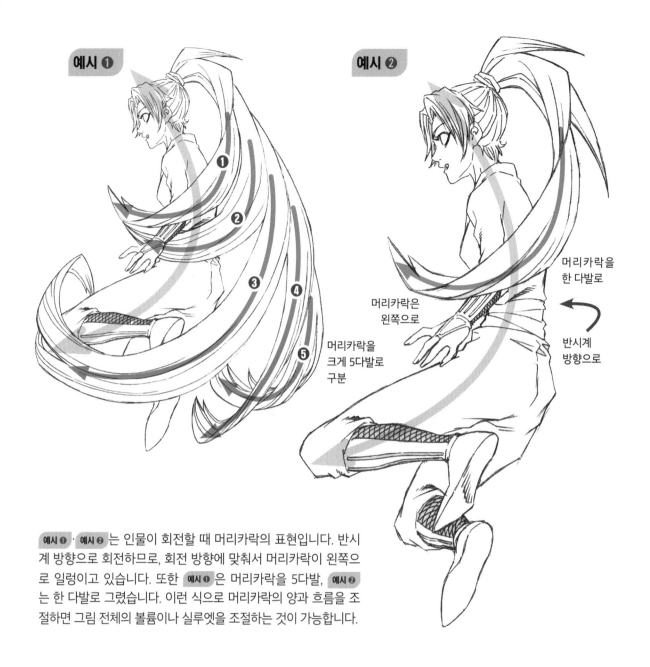

예시 ❶

예시 ❷

❶
❷
❸
❹
❺

머리카락은
왼쪽으로

머리카락을
크게 5다발로
구분

머리카락을
한 다발로

반시계
방향으로

예시❶ · 예시❷ 는 인물이 회전할 때 머리카락의 표현입니다. 반시계 방향으로 회전하므로, 회전 방향에 맞춰서 머리카락이 왼쪽으로 일렁이고 있습니다. 또한 예시❶ 은 머리카락을 5다발, 예시❷ 는 한 다발로 그렸습니다. 이런 식으로 머리카락의 양과 흐름을 조절하면 그림 전체의 볼륨이나 실루엣을 조절하는 것이 가능합니다.

# 나부끼는 머리카락 그리는 법

여러 방향으로 흩어져 나부끼는 머리카락을 그려보겠습니다. 여러 방향으로 흐르는 머리카락 그리는 법을 알면 자유자재로 표현할 수 있습니다.

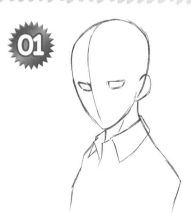

**01**

우선 형태를 그립니다. 이때 반드시 머리카락이 없는 상태로 형태를 확실하게 그립니다.

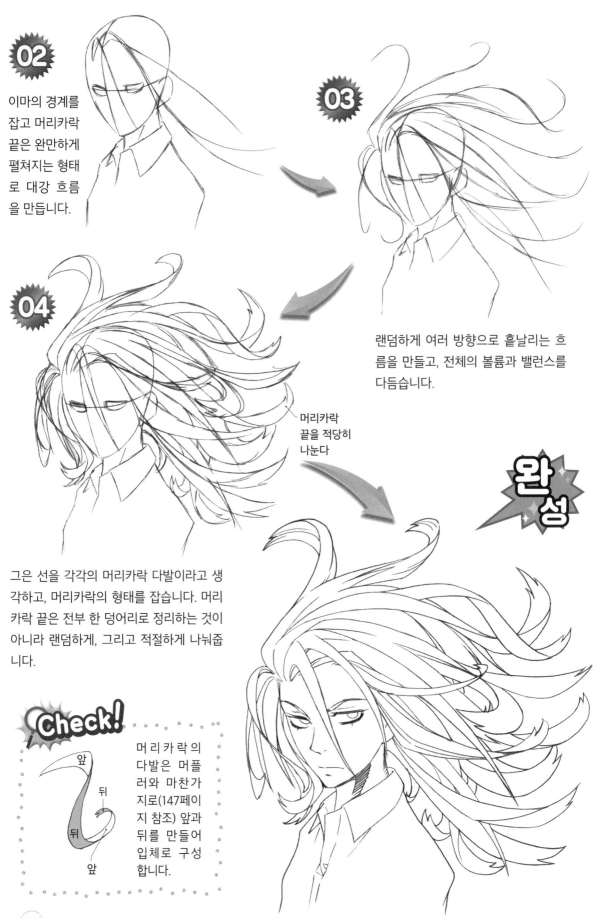

**02**

이마의 경계를 잡고 머리카락 끝은 완만하게 펼쳐지는 형태로 대강 흐름을 만듭니다.

**03**

랜덤하게 여러 방향으로 흩날리는 흐름을 만들고, 전체의 볼륨과 밸런스를 다듬습니다.

**04**

머리카락 끝을 적당히 나눈다

그는 선을 각각의 머리카락 다발이라고 생각하고, 머리카락의 형태를 잡습니다. 머리카락 끝은 전부 한 덩어리로 정리하는 것이 아니라 랜덤하게, 그리고 적절하게 나눠줍니다.

**완성**

## Check!

앞
뒤
뒤
앞

머리카락의 다발은 머플러와 마찬가지로(147페이지 참조) 앞과 뒤를 만들어 입체로 구성합니다.

# *07* 테크닉을 조합한다

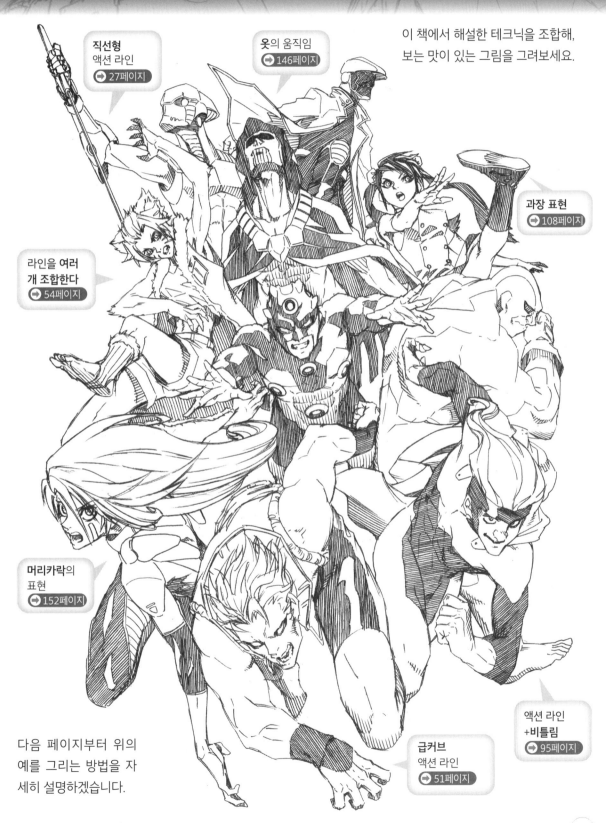

직선형
액션 라인
➡ 27페이지

옷의 움직임
➡ 146페이지

이 책에서 해설한 테크닉을 조합해,
보는 맛이 있는 그림을 그려보세요.

과장 표현
➡ 108페이지

라인을 여러
개 조합한다
➡ 54페이지

머리카락의
표현
➡ 152페이지

다음 페이지부터 위의
예를 그리는 방법을 자
세히 설명하겠습니다.

급커브
액션 라인
➡ 51페이지

액션 라인
+비틀림
➡ 95페이지

# 집대성——액션 라인과 연출을 조합한다

앞 페이지의 그림은 인물이 많아 복잡하고 힘든 그림으로 보이지만, 이 책에서 설명한 테크닉을 사용하면 그릴 수 있습니다.

**01** 우선 중심에 1명분의 액션 라인을 긋고 형태를 그립니다.

**02** 중앙의 인물 앞쪽에 급커브 액션 라인을 하나 더 긋고, 형태를 그립니다. 이 인물은 하이 앵글에 해당하므로 오른손에서 왼쪽 무릎까지를 라인에 맞춰서 그리기로 했습니다.

**Point!!**

여러 인물의 그림을 그릴 때는 전원의 이미지를 한 번에 결정하기 힘드니, 한 사람부터 먼저 그립니다.

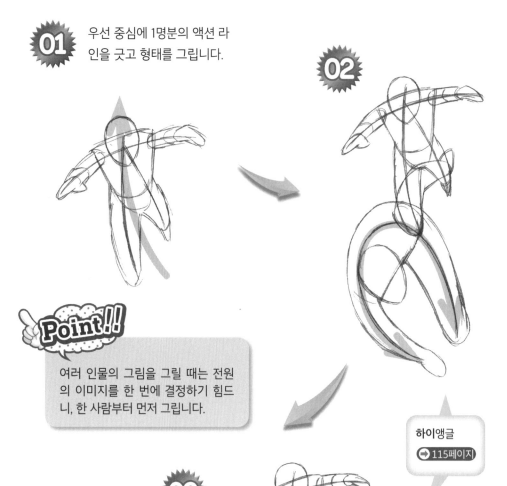

하이앵글
➡️ 115페이지

**03**

어깨의 위치

팔이 액션 라인의 흐름에서 벗어났으므로, 어깨의 위치를 확정하고 나서 팔의 형태를 넣습니다.

마찬가지로 양쪽에 달리는 인물의 형태를 그립니다. 여기서 전체 구도를 어느 정도 정합니다. 이번에는 중앙에서 바깥쪽으로 향하도록 인물을 배치한 듯한 구도를 만들었습니다.

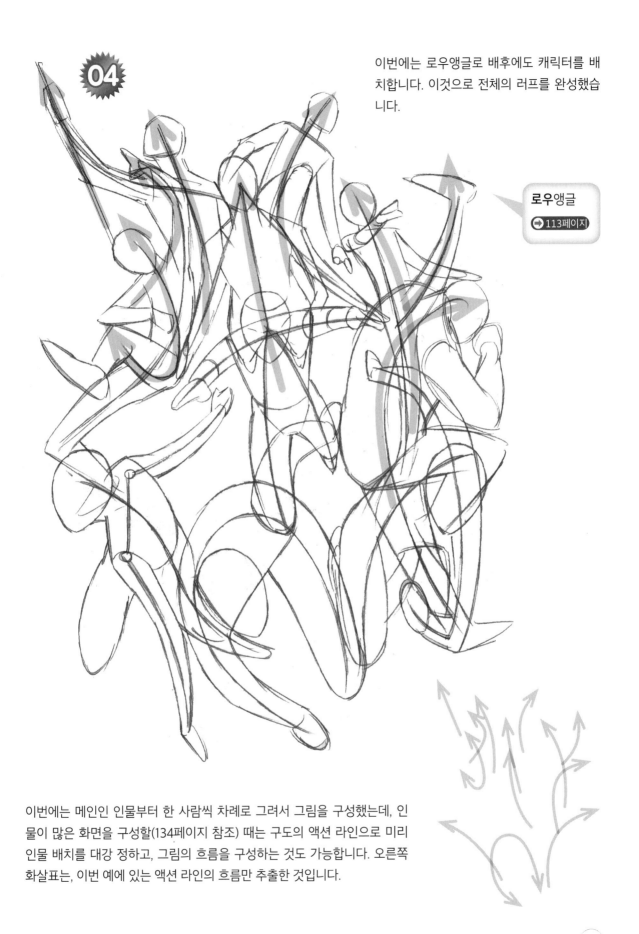

이번에는 로우앵글로 배후에도 캐릭터를 배
치합니다. 이것으로 전체의 러프를 완성했습
니다.

**로우**앵글
➡113페이지

이번에는 메인인 인물부터 한 사람씩 차례로 그려서 그림을 구성했는데, 인
물이 많은 화면을 구성할(134페이지 참조) 때는 구도의 액션 라인으로 미리
인물 배치를 대강 정하고, 그림의 흐름을 구성하는 것도 가능합니다. 오른쪽
화살표는, 이번 예에 있는 액션 라인의 흐름만 추출한 것입니다.

**05** 세부를 묘사하고 빈 공간을 이용해 머리카락과 망토를 추가하고 「움직임」을 연출했습니다. 완성도는 155페이지를 참조.

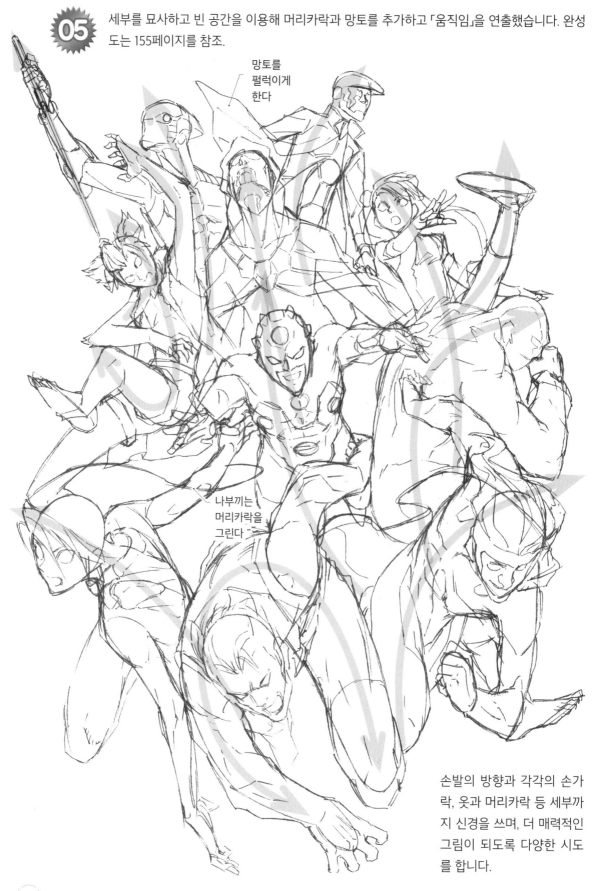

망토를
펄럭이게
한다

나부끼는
머리카락을
그린다

손발의 방향과 각각의 손가락, 옷과 머리카락 등 세부까지 신경을 쓰며, 더 매력적인 그림이 되도록 다양한 시도를 합니다.

# 맺음말

이 책을 끝까지 읽어주셔서 대단히 감사합니다.

액션 라인을 중심으로 「매력적인 움직임」을 표현하는 방법을 살펴보았는데, 본래 그림을 독학으로 그려온 제가 액션 라인이라는 말을 모른 채로 「동선」이라는 말을 사용해 저만의 방식으로 그렸습니다.

하지만 책 집필을 의뢰한 편집프로덕션과 출판사 관계자가 「이것은 『액션 라인』이라고 하며, 미국 등에서는 흔히 쓰이는 기법입니다」라고 알려주셔서, 다시 처음부터 공부하면서 메인 테마인 액션 라인에 대한 배움을 얻을 수 있었습니다(선배님들께 감사를!!).

이런 자기만의 방법으로 해왔던 것이 실제 제대로 된 기법으로 확립되어 있었던 일은 이전에도 간혹 있었습니다.
그때마다 제가 꼭 떠올리는 것은 그동안 독자들이 즐길 수 있도록 연구에 연구를 거듭해 왔던 것이 결코 헛되지 않았고, 오히려 자랑스러운 일이었다는 것입니다.
그리고 읽은 사람이 재미있게 읽었으면 하는 마음이 얼마나 실력 향상에 도움을 주는지, 계속 이어나갈 수 있는 원동력이 되어주는지 하는 것입니다.

부디 여러분도 이 기법을 넘어 누군가가 재미있게 즐겼으면 하는 마음과 연구로 열심히 정진했으면 좋겠습니다.
저도 또한 여러분과 함께 계속 노력해 나가겠습니다.

나카츠카 마코토

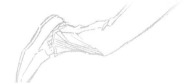

■ 지은이

**나카츠카 마코토**

만화가·일러스트레이터로서 폭넓게 활동하며, 만화·일러스트 전문학
교의 강사도 역임하고 있다.
미국 코믹을 중심으로 작품을 발표하고 있으며, 주요 작품으로는
『X-MEN:RONIN』『판타스틱포』『스타워즈』『스타트랙』 등이 있다.

■ 옮긴이

**김재훈**

한때 만화가가 꿈이었던 일본어 번역가. 창작자들의 어두운 앞길을 밝
혀줄 좋은 작법서 전문 번역가를 목표로 여기저기 기웃거리고 있다. 옮
긴 책으로 「Miyuli의 일러스트 실력 향상 TIPS」「인물을 빠르게 그리는
기본 남성 편」 등 다수 있다.

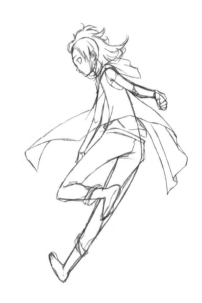

**액션 캐릭터 일러스트 그리기**
생동감 넘치는 **액션 라인 테크닉**

초판 1쇄 인쇄 2021년 05월 10일
초판 1쇄 발행 2021년 05월 15일

저자 : 나카츠카 마코토
편집 : 유니버설 퍼블리싱
번역 : 김재훈

펴낸이 : 이동섭
편집 : 이민규, 탁승규
디자인 : 조세연, 김현승, 김형주, 황효주, 김민지
영업·마케팅 : 송정환, 조정훈
e-BOOK : 홍인표, 서찬웅, 유재학, 최정수, 이건우, 심민섭
관리 : 이윤미

㈜에이케이커뮤니케이션즈
등록 1996년 7월 9일(제302-1996-00026호)
주소 : 04002 서울 마포구 동교로 17안길 28, 2층
TEL : 02-702-7963~5 FAX : 02-702-7988
http://www.amusementkorea.co.kr

ISBN 979-11-274-4428-0 13650

Action Line de Egaku!
Ikiiki Ugoku Character Illust
©Makoto Nakatsuka / HOBBY JAPAN
Originally Published in Japan in 2020 by HOBBY JAPAN Co. Ltd.
Korea translation Copyright©2021 by AK Communications, Inc.

# 프로만화가 따라잡기 시리즈 !!

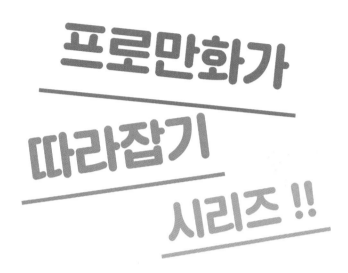

## -Illustration Technique

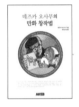

### 데즈카 오사무의 만화 창작법

데즈카 오사무 지음 | 문성호 옮김 | 148×210mm
252쪽 | 13,000원

**만화가 지망생의 영원한 필독서!!**
「만화의 신」이라 불리며 전 세계의 창작자들에게 큰
영향을 준 데즈카 오사무. 작화의 기본부터 아이디어
구상까지! 거장의 구체적 창작 테크닉을 이 한 권에
담았다.

### 다카무라 제슈 스타일 슈퍼 패션 데생-
### 기본 포즈편

다카무라 제슈 지음 | 송지연 옮김 | 190×257mm
256쪽 | 18,000원

올바른 인체 데생으로 스타일이 살아있는 캐릭터를
그려보자!! 파트와 밸런스별로 구분한 피겨 보디를
이용, 하나의 선으로 인체의 정면, 측면 등 다양한 자
세를 연습하다 보면, 어느새 패셔너블하고 아름다운
비율로 작품을 그릴 수 있다.

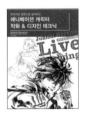

### 애니메이션 캐릭터 작화 & 디자인 테크닉

하야마 준이치 지음 | 이은수 옮김 | 210×285mm
176쪽 | 20,800원

**베테랑 애니메이터가 전수하는 실전 테크닉!**
오리지널 애니메이션 설정을 만들고, 그 설정에 따라
스태프들이 의견을 교환하고 수정하는 일련의 과정
을 통해 캐릭터 창작 과정의 핵심 요소를 해설한다.

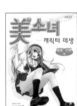
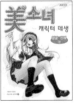

### 미소녀 캐릭터 데생-얼굴·신체 편

이하라 타츠야 외 1인 지음 | 이은수 옮김
190×257mm | 176쪽 | 18,000원

**미소녀를 아름답게 표현하는 테크닉 강좌!**
기본 테크닉과 요령부터 시작, 캐릭터의 체형에 따른
표현법을 3장으로 나누어 철저하게 해설한다. 쉽고
자세한 설명과 예시를 통해 그림을 완성할 수 있도록
돕는다.

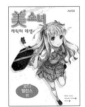

### 미소녀 캐릭터 데생-보디 밸런스 편

이하라 타츠야 외 1인 지음 | 이은수 옮김
190×257mm | 176 쪽 | 18,000원

**캐릭터 작화의 기본은 보디 밸런스부터!**
보디 밸런스의 기초에 대한 이해가 부족한 상태에서
는 제대로 그릴 수 없는 법! 인체의 밸런스를 실루엣
부터 이해할 필요가 있다. 여성의 신체적 특징을 이
해하는 데 도움이 되어줄 것이다.

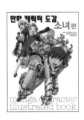

### 만화 캐릭터 도감-소녀 편

하야시 히카루(Go office) 외 1인 지음 | 조민경 옮김
190×257mm | 240 쪽 | 18,000원

**매력 있는 여자 캐릭터를 그리기 위한 테크닉!**
다양한 장르 속 모습을 수록, 장르별 백과로 그치지
않고 작화를 완성하는 순서와 매력적인 캐릭터 창작
의 테크닉을 안내한다.

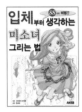

## 입체부터 생각하는 미소녀 그리는 법

나카츠카 마코토 지음 | 조아라 옮김 | 190×257mm
176쪽 | 18,000원

**입체의 이해를 통해 매력적인 캐릭터를!**
매력적인 인체란 무엇인가?「멋진 그림」을 그리는
사람들의 인체는 섹시함이 넘친다. 최소한의 지식으
로「매력적인 인체」즉,「입체 소녀」를 그리는 비법을
해설, 작화를 업그레이드시키는 법을 알려주고 있다.

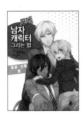

## 모에 남자 캐릭터 그리는 법-얼굴·신체 편

카네다 공방 외 1인 지음 | 이기선 옮김 | 190×257mm
176쪽 | 18,000원

**남자 캐릭터의 모에 포인트 철저 분석!**
소년계, 중간계, 청년계의 3가지 패턴으로 나누어 얼
굴과 몸 그리는 법을 해설하고, 신체적 모에 포인트
를 확실하게 짚어가며, 극대화 패션, 아이템 등도 공
개한다!

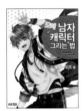

## 모에 남자 캐릭터 그리는 법-동작·포즈 편

유니버설 퍼블리싱 외 1인 지음 | 이은엽 옮김
190×257mm | 176쪽 | 18,000원

**멋진 남자 캐릭터는 포즈로 말한다!**
작화는 포즈로 완성되는 법! 인체에 대한 기본 지식
과 캐릭터 작화로의 응용법을 설명한 포즈와 동작을
검증하고 분석하여 매력적인 순간을 안내한다.

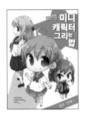

## 모에 미니 캐릭터 그리는 법-얼굴·신체 편

카네다 공방 외 1인 지음 | 이은수 옮김 | 190×257mm
176쪽 | 18,000원

**기운 넘치고 귀여운 미니 캐릭터를 그리자!**
캐릭터를 데포르메한 미니 캐릭터들은 모에 캐릭터
궁극의 형태! 비장의 요령을 통해 귀엽고 매력적인
미니 캐릭터를 즐겁게 그려보자.

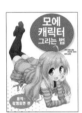

## 모에 캐릭터 그리는 법-동작·감정표현 편

카네다 공방 외 1인 지음 | 남지연 옮김 | 190×257mm
176쪽 | 18,000원

**매력적인 모에 일러스트를 그려보자!**
S자 포즈에서 한층 발전된 M자 포즈를 제시하고 있
으며, 다양한 장르 속 소녀의 동작·감정표현과「좋아
하는 포즈」테마에서 많은 작가들의 철학과 모에를
느낄 수 있다.

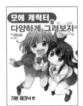

## 모에 캐릭터를 다양하게 그려보자

### -기본 테크닉 편

미야츠키 모소코 외 1인 지음 | 이은수 옮김
190X257mm | 176쪽 | 18,000원

**다양한 개성을 통해 캐릭터의 매력을 살려보자!**
모에 캐릭터 그리기에 익숙하지 않다면, 어떤 캐릭터를
그려도 같은 얼굴과 포즈에 뻔한 구도의 반복일 뿐이
다. 이 책을 통해 다양한 캐릭터를 개성있게 그려보자!

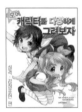

## 모에 캐릭터를 다양하게 그려보자

### -성격·감정표현 편

미야츠키 모소코 외 1인 지음 | 이은수 옮김
190×257mm | 176쪽 | 18,000원

**다양한 성격과 표정! 캐릭터에 생기를 더해보자!**
캐릭터에 개성과 생동감을 부여하는 성격과 감정 표
현 묘사법을 상세히 설명하고 있다. 자신만의 독특한
개성이 담긴 캐릭터 완성에 도전해보자!

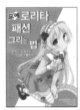

## 모에 로리타 패션 그리는 법

### -기본적인 신체부터 코스튬까지

모에표현탐구 서클 외 1인 지음 | 남지연 옮김
190×257mm | 176쪽 | 18,000원

**가련하고 우아한 로리타 패션의 기본!**
파트별로 소개하는 로리타 패션과 구조 및 입는 법부
터 바람의 활용법, 색을 통해 흑과 백의 의상을 표현
하는 방법 등 다양한 테크닉을 담고 있다.

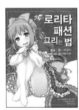

## 모에 로리타 패션 그리는 법

### -얼굴·몸·의상의 아름다운 베리에이션

모에표현탐구 서클 외 1인 지음 | 이지은 옮김
190×257mm | 176쪽 | 18,000원

**로리타 패션에는 깊이가 있다!!**
미소녀와 로리타 패션의 일러스트를 그리려면 캐릭
터는 물론 패션도 멋지게 묘사해야 한다. 얼굴과 몸,
의상의 관계를 해설한다.

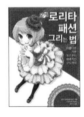

## 모에 로리타 패션 그리는 법

### -아름다운 기본 포즈부터 매혹적인 구도까지

모에표현탐구 서클 외 1인 지음 | 이지은 옮김
190×257mm | 176쪽 | 18,000원

**로리타 패션을 매력적으로 표현!**
팔랑거리는 스커트와 프릴이 특징인 로리타 패션은
표현 방법에 따라 다양한 매력을 연출할 수 있다. 로
리타 패션 최고의 모에 포즈를 탐구해보자.

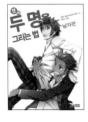

## 모에 두 명을 그리는 법-남자 편

카네다 공방 외 1인 지음 | 하진수 옮김 | 190×257mm
176쪽 | 18,000원

**우정, 라이벌에서 러브!까지…남자 두 명을 그려보자!**
작화하려는 인물의 수가 늘어나면 난이도 또한 급상
승하는 법! '무게감', '힘', '두께'라는 세 가지 포인트를
통해 복수의 인물 작화의 기본을 알기 쉽게 해설하고
있다.

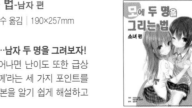

## 모에 두 명을 그리는 법-소녀 편

카네다 공방 외 1인 지음 | 김보미 옮김 | 190×257mm
176쪽 | 18,000원

소녀 한 명은 그릴 수 있지만, 두 명은 그리기도 전
에 포기했거나, 그리더라도 각자 떨어져 있는 포즈만
그리던 사람들을 위한 기법서. 시선, 중량, 부드러운
손, 신체의 탄력감 등, 소녀 특유의 표현법을 빠짐없
이 수록했다.

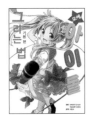

## 모에 아이돌 그리는 법-기본 편

미야츠키 모소코 외 1인 지음 | 이은수 옮김
190×257mm | 176쪽 | 18,000원

**아이돌을 매력적으로 표현해보자!**
춤, 노래, 다양한 퍼포먼스로 빛나는 아이돌 캐릭터.
사랑스러운 모에 캐릭터에 아이돌 속성을 가미해보
자. 깜찍한 포즈와 의상, 소품까지! 아이돌을 구성하
는 작은 요소 하나까지 해설하고 있다.

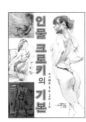

## 인물 크로키의 기본-속사 10분·5분·2분·1분

아틀리에21 외 1인 지음 | 조민경 옮김 | 190×257mm
168쪽 | 18,000원

**크로키의 힘으로 인체의 본질을 파악하라!**
단시간에 대상의 특징을 포착, 필요 최소한의 선화로
묘사하는 크로키는 인물화에 필요한 안목과 작화력을
동시에 단련하는 데 가장 적합하다. 10분, 5분 크로키
부터, 2분, 1분 크로키를 통해 테크닉을 배워보자!

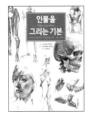

## 인물을 그리는 기본-유용한 미술 해부도

미사와 히로시 지음 | 조민경 옮김 | 190×257mm
192쪽 | 18,000원

**인체 그 자체의 구조를 이해해보자!**
미사와 선생의 풍부한 데생과 새로운 미술 해부도를
이용, 적확한 지도와 해설을 담은 결정판. 인물의 기
본 묘사부터 실천적인 인물 표현법이 이 한 권에 담
겨있다.

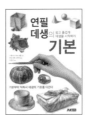

## 연필 데생의 기본

스튜디오 모노크롬 지음 | 이은수 옮김 | 190×257mm
176쪽 | 18,000원

**데생을 시작하는 이들을 위한 데생 입문서!**
데생이란 정확하게 관측하고 무엇을 어떻게 표현할
지 사물의 구조를 간파하는 연습이다. 풍부한 예시를
통해 데생을 시작하는 이들을 위한 데생의 기본 자세
와 테크닉을 알기 쉽게 해설한다.

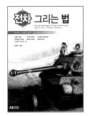

## 전차 그리는 법

-상자에서 시작하는 전차·장갑차량의 작화 테크닉

유메노 레이 외 7인 지음 | 김재훈 옮김 | 190×257mm
160쪽 | 18,000원

**상자 두 개로 시작하는 전차 작화의 모든 것!**
전차를 멋지고 설득력이 느껴지도록 그리기 위한 방
법은 무엇일까? 단순한 직육면체의 조합으로 시작,
디지털 작화로의 응용까지 밀리터리 메카닉 작화의
모든 것.

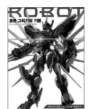

## 로봇 그리기의 기본

쿠라모치 쿄류 지음 | 이은수 옮김 | 190×257mm
176쪽 | 18,000원

**펜 끝에서 다시 태어나는 강철의 거신!**
로봇 일러스트레이터로 15년간 활동한 쿠라모치 쿄
류가, 로봇이 활약하는 모습을 보며 가슴 설레이는
경험을 한 이들에게, 간단하고 즐겁게 로봇을 그릴
수 있는 힌트를 알려주는 장난감 상자 같은 기법서.

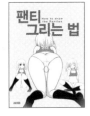

## 팬티 그리는 법

포스트 미디어 편집부 지음 | 조민경 옮김
182×257mm | 80쪽 | 17,000원

**팬티 작화의 비밀 대공개!**
속옷에는 다양한 소재, 디자인, 패턴이 있으며 시추
에이션에 따라 그리는 법도 달라진다. 이 책에서 보
여주는 팬티의 구조와 디자인을 익힌다면 누구나 쉽
게 캐릭터에 어울리는 궁극의 팬티를 그릴 수 있게
될 것이다.

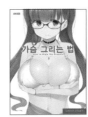

## 가슴 그리는 법

포스트 미디어 편집부 지음 | 조민경 옮김
182X257mm | 80쪽 | 17,000원

**가슴 작화의 모든 것!**
여성 캐릭터의 작화에 있어 가장 큰 난관이라 할 수
있는 가슴! 인체의 움직임에 따라 가슴의 모습과 그
구조를 철저 분석하여, 보다 현실적이며 매력있는 캐
릭터 작화를 안내한다!

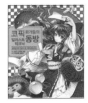

## 코픽 화가들의 동방 일러스트 테크닉

소차 외 1인 지음 | 김보미 옮김 | 215×257mm
152쪽 | 22,000원

**동방 Project로 코픽의 사용법을 익히자!**
코픽 마커는 다양한 색이 장점인 아날로그 그림 도구
이다. 동방 Project의 인기 캐릭터들을 그려보면서 코
픽 활용법을 단계별로 나누어 설명한다. 눈으로 즐기
며 따라 해보는 것만으로도 코픽이 손에 익는 작법서!

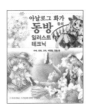

## 아날로그 화가들의 동방 일러스트 테크닉

미사와 히로시 지음 | 김보미 옮김 | 215×257mm
144쪽 | 22,000원

**아날로그 기법의 장점과 즐거움을 느껴보자!**
동방 Project의 매력은 개성 넘치는 캐릭터! 화가이
자 회화 실기 지도자인 미사와 히로시가 수채화·유
화·코픽 작가 15명과 함께 동방 캐릭터를 그리며 아
날로그 기법의 매력과 즐거움을 전한다.

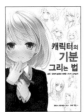

## 캐릭터의 기분 그리는 법

-표정·감정의 표면과 이면을 나누어 그려보자

하야시 히카루(Go office) 외 1인 지음 | 조민경 옮김
190×257mm | 192쪽 | 18,000원

**캐릭터에 영혼을 불어넣어 보자!**
희로애락에 더하여 '놀람'과, '허무'라는 2가지 패턴을
추가한 섬세한 심리 묘사와 감정 표현을 다룬다. 다
양한 아이디어와 힌트 수록.

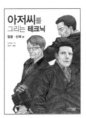

## 아저씨를 그리는 테크닉-얼굴·신체 편

YANAMi 지음 | 이은수 옮김 | 190×257mm
152쪽 | 19,000원

**'아재'의 매력이란 무엇인가?**
분위기와 연륜이 느껴지는 아저씨는 전혀 다른 멋과
맛을 지니고 있다. 다양한 연령대의 아저씨를 그리는
디테일과 인체 분석, 각종 표정과 캐릭터 만들기까지.
인생의 맛이 느껴지는 아저씨 캐릭터에 도전해보자!

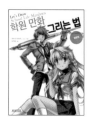

## 학원 만화 그리는 법

하야시 히카루 지음 | 김재훈 옮김 | 190x257mm
180쪽 | 18,000원

**학원 만화를 통한 만화 제작 입문!**
다양한 내용과 세계가 그려지는 학원 만화는 그야말로 만화 세상의 관문이라고 해도 과언이 아닐 것이다. 『학원 만화 그리는 법』은 만화를 통해 자기만의 오리지널 월드로 향하는 문을 열고자 하는 이들의 열쇠가 되어줄 것이다.

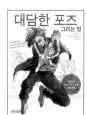

## 대담한 포즈 그리는 법

에비모 외 1인 지음 | 이은수 옮김 | 190X257mm
172쪽 | 18,000원

**역동적인 자세 표현을 위한 작화 가이드!**
경우에 따라서는 해부학 지식이 역동적 포즈 표현에 방해가 되어 어중간한 결과물이 나오곤 한다. 역동적 포즈의 대가 에비모식 트레이닝을 통해 다양한 포즈와 시추에이션을 그려보자.

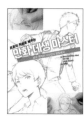

## 프로의 작화로 배우는 만화 데생 마스터

-남자 캐릭터 디자인의 현장에서-

하야시 히카루 외 2인 지음 | 김재훈 옮김
190x257mm | 204쪽 | 18,000원

**프로가 전하는 생생한 만화 데생!**
모리타 카즈아키의 작화를 통해 남자 캐릭터의 디자인, 인체 구조, 움직임의 작화 포인트를 배워보자

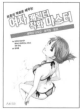

## 프로의 작화로 배우는 여자 캐릭터 작화 마스터

-캐릭터 디자인·움직임·음영-

모리타 카즈아키 외 2인 지음 | 김재훈 옮김
190x257mm | 204쪽 | 19,000원

**현역 애니메이터의 진짜 「여자 캐릭터」 작화술!**
유명 실력파 애니메이터 모리타 카즈아키가 여자 캐릭터를 완성하는 실제 작화 과정을 완벽하게 수록! 캐릭터 디자인(얼굴), 인체, 움직임, 음영의 핵심 포인트는 무엇인지 배워보자.

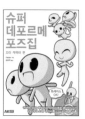

## 슈퍼 데포르메 포즈집-꼬마 캐릭터 편

Yielder 지음 | 김보미 옮김 | 190×257mm | 160쪽
18,000원

**2등신 데포르메 캐릭터의 정수!**
짧은 팔다리, 커다란 머리로 독특한 귀여움을 갖고 있는 꼬마 캐릭터. 다양한 포즈의 2등신 데포르메 캐릭터를 집중적으로 연습하여 나만의 꼬마 캐릭터를 그려보자.

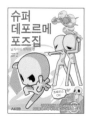

## 슈퍼 데포르메 포즈집-남자아이 캐릭터 편

Yielder 지음 | 김보미 옮김 | 190×257mm | 164쪽
18,000원

**남자아이 캐릭터 특유의 멋!**
남녀의 신체적 차이점, 팔다리와 근육 그리는 법 등을 데포르메 캐릭터로도 충분히 표현할 수 있도록 상세하게 알려준다. 장면에 따라 달라지는 포즈, 표정, 몸짓 등의 차이점과 특징을 익혀보자!

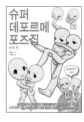

## 슈퍼 데포르메 포즈집-연애 편

Yielder 지음 | 이은엽 옮김 | 190×257mm | 164쪽
18,000원

**두근두근한 연애 장면을 데포르메 캐릭터로!**
찰싹 붙어 앉기도 하고 키스도 하고 포옹도 하고 데이트를 하고 때로는 싸우기도 하는 2~4등신의 러브러브한 연인들의 포즈와 콩닥콩닥한 연애 포즈를 잔뜩 수록했다. 작가마다 다른 여러 연애 포즈를 보고 배우며 즐길 수 있다.

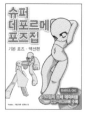

## 슈퍼 데포르메 포즈집-기본 포즈·액션 편

Yielder 외 1인 지음 | 이은수 옮김 | 190×257mm
160쪽 | 18,000원

**데포르메 캐릭터 액션의 기본!**
귀여운 2등신 캐릭터부터 스타일리시한 5등신 캐릭터까지. 일반적인 캐릭터와는 조금 다른 독특한 느낌의 데포르메 캐릭터를 위한 다양한 포즈 소재와 작화 요령, 각종 어드바이스를 다루고 있다.

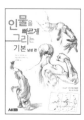

## 인물을 빠르게 그리는 법-남성 편

하가와 코이치, 카도마루 츠부라 지음 | 김재훈 옮김
190x257mm | 176쪽 | 18,000원

**인물을 그리는 법칙을 파악하라!**
인체 구조와 움직임을 파악하는 다양한 방법에는 예나 지금이나 변함없는 일정한 원칙이 있다. 이상적인 체형의 남성 데생을 중심으로 인물을 그리는 일정한 법칙을 배우고 단시간 그리기를 효율적으로 익혀보자.

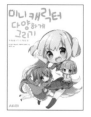

## 미니 캐릭터 다양하게 그리기

미야츠키 모소코 외 1인 지음 | 문성호 옮김
190x257mm | 188쪽 | 18,000원

**귀여운 미니 캐릭터를 다양하게 그려보자!**
꼭 껴안아주고 싶은 귀여운 미니 캐릭터를 그려보고 싶다면? 균형 잡힌 2.5등신 캐릭터, 기운차게 움직이는 3등신 캐릭터, 아담하고 귀여운 2등신 캐릭터. 비율별로 서로 다른 그리기 방법과 순서, 데포르메 요령을 소개한다.

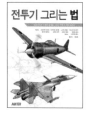

## 전투기 그리는 법-십자선으로 기체와 날개를 그리는 전투기 작화 테크닉-

요코야마 아키라 외 9인 지음 | 문성호 옮김
190x257mm | 164쪽 | 19,000원

**모든 전투기가 품고 있는 '비밀의 선'!**
어떤 전투기라도 기초를 이루는 「십자 모양」—기체와 날개의 기준이 되는 선만 찾아낸다면 문제없이 그릴 수 있다. 그림의 기초, 인기 크리에이터들의 응용 테크닉, 전투기 기초 지식까지!

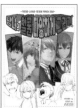

## 남녀의 얼굴 다양하게 그리기

YANAMi 지음 | 송명규 옮김 | 190×257mm
172쪽 | 18,000원

**남자 얼굴도, 여자 얼굴도 다 내 마음대로!**
만화 일러스트에 등장하는 남녀 캐릭터의 「얼굴」을 서로 구분하여 그리는 법은 물론, 각종 표정에도 차이를 주는 테크닉을 완벽 해설. 각도, 성격, 연령, 상황에 따른 차이를 자유자재로 표현해보자.

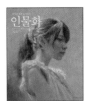

## 현실감 있게 묘사하는 인물화
-프로의 45년 테크닉이 담긴 유화와 수채화-

미사와 히로시 지음 | 김재훈 옮김 | 215×257mm
148쪽 | 22,000원

줄곧 인물화를 그려온 화가, 미사와 히로시가 유화와 수채화로 그림을 그리는 기법을 설명한다. 화가의 작품과 제작 과정 소개를 통해 클로즈업, 바스트 쇼트, 전신을 그리는 과정 등을 자세히 알 수 있다.

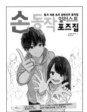

## 손동작 일러스트 포즈집
-알기 쉬운 손과 상반신의 움직임-

하비재팬 편집부 지음 | 문성호 옮김 | 190×257mm
168쪽 | 19,000원

**저절로 눈이 가는 매력적인 손의 비밀!**
유명 일러스트레이터들의 손 그리는 법에 대한 해설 및 각종 감정, 상황, 상호관계, 구도 등을 반영한 손동작 선화 360컷을 수록하였다. 연습·트레이스·아이디어 착상용 참고에 특화된 전문 포즈집!

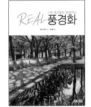

## 5색 색연필로 완성하는 REAL 풍경화
하야시 료타 지음 | 김재훈 옮김 | 190×257mm
136쪽 | 21,000원

**세계적 색연필 아티스트의 풍경화 기법 공개!**
색연필화의 개념을 크게 바꾼 아티스트, 하야시 료타가 현장 스케치에서 시작해 세밀하게 묘사한 풍경화 작품을 완성하기까지의 과정을 재료선택 단계부터 구도 잡는 법, 혼색방법 등과 함께 알기 쉽게 설명한다.

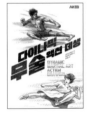

## 다이나믹 무술 액션 데생
츠루오카 타카오 지음 | 문성호 옮김 | 190×257mm
192쪽 | 21,000원

**무술 6단! 화업 62년! 애니메이션 강의 22년!**
미야자키 하야오와 함께 일했던 미술 감독이 직접 몸으로 익힌 액션 연출법을 가이드! 다년간의 현장 경력, 제작 강의 경력, 무술 사범 경력, 미술상 수상 경력과 그림 그리는 법 안내서를 5권 집필한 경력까지. 저자의 모든 경력이 압축된 무술 액션 데생!

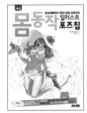

## 여성 몸동작 일러스트 포즈집
-일상생활부터 액션/감정 표현까지-

하비재팬 편집부 지음 | 김진아 옮김 | 190×257mm
168쪽 | 19,000원

**웹툰·만화에 최적화된 5등신 캐릭터의 각종 동작들!**
만화·게임·애니메이션 등에서 흔히 볼 수 있는 실제 인체보다 작고 귀여운 캐릭터들. 그 비율에 맞춰 포즈 선화를 555컷 수록! 다채로운 상황과 동작을 마음대로 트레이스 가능한 여성 캐릭터 전문 포즈집!

## 하루 만에 완성하는 유화의 기법
오오타니 나오야 지음 | 김재훈 옮김 | 190×257mm
152쪽 | 22,000원

**적은 재료로 쉽게 시작하는 1일 1완성 유화!**
원칙과 순서만 제대로 알면 실물을 섬세하게 재현한 리얼한 유화를 하루 만에 완성할 수 있다. 사용하는 물감은 6가지 색 그리고 흰색뿐! 다른 유화 입문서들이 하지 못했던 빠르고 정교한 유화 기법을 소개한다.

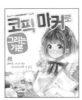

## 코픽 마커로 그리는 기본
-귀여운 캐릭터와 아기자기한 소품들-

카와나 스즈 지음 | 김재훈 옮김 | 215×257mm
160쪽 | 22,000원

**손그림에 빠진다! 코픽 마커에 반한다!**
코픽 마커의 특징과 손으로 직접 그리는 즐거움을 소개한다. 코픽 공인 작가인 저자와 4명의 게스트 작가가 캐릭터의 매력을 최대한으로 이끌어내는 각종 테크닉과 소품 표현 방법을 담았다.

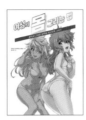

## 여성의 몸 그리는 법
-골격과 근육을 파악해 섹시하게 그리기

하야시 히카루 지음 | 문성호 옮김 | 190X257mm
184쪽 | 19,000원

**'단단함'과 '부드러움'으로 여성의 매력을 살린다!**
캐릭터화된 여성 특유의 '골격'과 '근육'을 완전 분석! 살과 근육에 의한 신체의 굴곡과 탄력, 부드러움을 표현하는 방법과 그 부드러움을 부각시키는 「단단한 뼈 부분 표현」방법을 철저 해부한다!

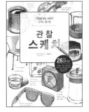

## 사물을 보는 요령과 그리는 즐거움 관찰 스케치
히가키 마리코 지음 | 송명규 옮김 | 190×257mm
136쪽 | 19,000원

**디자이너의 눈으로 사물 속 비밀을 파헤친다!**
주변 사물을 자세히 관찰해서 그리는 취미 생활 「관찰 스케치」! 프로 디자이너가 제품의 소재, 디자인, 기능성은 물론 제조 과정과 제작 의도까지 이끌어내는 관찰력과 관찰 기술, 필요한 지식을 전수한다. 발견하는 즐거움과 공유하는 재미가 있다!

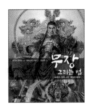

## 무장 그리는 법 -삼국지·전국 시대·환상의 세계-
나가노 츠요시 지음 | 타마가미 키미 감수 | 문성호 옮김
215×257mm | 152쪽 | 23,900원

**KOEI 『삼국지』 일러스트의 비밀을 파헤친다!**
역사·전략 시뮬레이션 『삼국지』, 『노부나가의 야망』 등 역사 인물 분야에서 오랫동안 사랑을 받아 온 리얼 일러스트 분야의 거장, 나가노 츠요시. 사람을 현실 그 이상으로 강하고 아름답게 그리는 그만의 기법과 작품 세계를 공개한다.

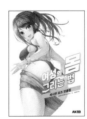

## 여성의 몸 그리는 법 -섹시한 포즈 연출법-
하야시 히카루 지음 | 문성호 옮김 | 190×257mm
184쪽 | 19,000원

**「섹시함」 연출은 모르고 할 수 있는게 아니다!**
여성 캐릭터의 매력을 한껏 끌어올리는 시크릿 테크닉 완전 공개! 5가지 핵심 포인트와 상업 작품 최전선에서 활약하는 프로의 예시로 동작과 표정, 포즈 설정과 장면 연출, 신체 부위별 표현법 등을 자세히 설명한다.

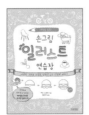

## 손그림 일러스트 연습장
-따라만 그려도 저절로 실력이 느는 마법의 테크닉-

쿠도 노조미 지음 | 김진아 옮김 | 187X230mm
248쪽 | 17,000원

**슥슥 따라만 그리면 손그림이 술술 실력이 쑥쑥♬**
우리 곁의 다양한 사물과 동물, 식물, 인물, 각종 이벤트 등을 깜찍한 일러스트로 표현하는 법을 알려주는 손그림 연습장. 「순서 확인하기」→「선따라 그리기」→「직접 그리기」 순으로 그림을 손쉽게 익혀보자.

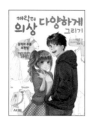

## 캐릭터 의상 다양하게 그리기
-동작과 주름 표현법

라비마루 지음 | 운세츠 감수 | 문성호 옮김 | 190×257mm
168쪽 | 19,000원

5만 회 이상 리트윗된 캐릭터「의상 그리는 법」에 현역
패션 디자이너의「품격 있는 지식」이 더해졌다! 옷주
름의 원리, 동작에 따른 옷의 변화 패턴, 옷의 종류·각
도·소재별 차이까지, 캐릭터를 위한 스타일링 참고서!

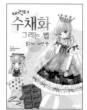

## 캐릭터 수채화 그리는 법 로리타 패션 편

우니, 카도마루 츠부라 지음 | 김진아 옮김 | 190×257mm
160쪽 | 19,000원

**캐릭터의, 캐릭터에 의한, 캐릭터를 위한 수채화!**
투명 수채화 그리는 법과 아름다운 예시 작품을 소개
하는 캐릭터 수채화 기법서 시리즈 제1권. 동화 속에
서 걸어나온 듯한 의상과 소품, 매력적이면서도 귀여
운「로리타 패션」캐릭터를 이용하여 수채화로 인물과
의상 그리는 법, 소품 어레인지 방법 등을 해설한다.

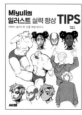

## Miyuli의 일러스트 실력 향상 TIPS
-캐릭터 일러스트 인물 데생 테크닉-

Miyuli 지음 | 김재훈 옮김 | 190×257mm | 152쪽 | 25,000원

**「캐릭터를 그리는 데 필요한」인물 데생을 배우자!**
독일 출신 인기 일러스트레이터이자 만화가인 Miyuli
가 만화와 일러스트를 위한 인물 데생 요령을 TIPS
형식으로 해설. 틀리고 헤매고 실수하기 쉬운 부분을
풍부한 ○× 예시 그림과 함께 알기 쉽게 설명한다.

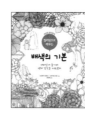

## 컬러링으로 배우는 배색의 기본

사쿠라이 테루코·시라카베 리에 지음 | 문성호 옮김
190×230mm | 152쪽 | 19,000원

**색에 대한 감각이 몰라보게 달라진다!**
컬러링을 즐기며 배색의 기본을 익힐 수 있는 컬러링
북. 컬러링의 완성도를 결정하는「배색」에 대해 알아보
는 동안 자연스럽게 색에 대한 감각이 생겨난다. 색채
전문가가 설계한 실생활에 도움이 되는 힐링 학습서!

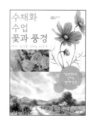

## 수채화 수업 꽃과 풍경
**색채 감각을 익히는 테크닉**

타마가미 키미 지음 | 문성호 옮김 | 190×257mm
136쪽 | 25,000원

**수채화 초보 · 중급 탈출을 위한 색채력 요점 강의**
세계적 수채화 화가인 저자의 실력 향상 테크닉을 따라
기본기와 색의 규칙을 배우고 대표적인 정물 소묘와 풍
경 묘사 방법, 실전형 응용 기술을 두루 익힌다.

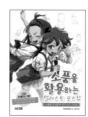

## 소품을 활용하는 일러스트 포즈집
-소품별 일상동작 완벽 표현 가이드-

하비재팬 편집부 지음 | 김진아 옮김 | 190×257mm | 168
쪽 | 22,500원

**디테일이 살아 있는 소품&포즈 일러스트!**
글쓰기·밥먹기·옷 갈아입기 등 일상 속 각종 동작을 소
품과 세트로 묶어 소개하는 자료집. 프로 일러스트레이
터들이 제작한 소품+동작 일러스트를 활용하면 디테일
한 부분까지 쉽고 빠르게 표현할 수 있다.

# -디지털 배경 자료집

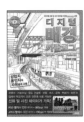

## 디지털 배경 카탈로그-통학로·전철·버스 편

ARMZ 지음 | 이지은 옮김 | 182×257mm
192쪽 | 25,000원

**배경 작화에 대한 고민을 이 한 권으로 해결!**
주택가, 철도 건널목, 전철, 버스, 공원, 번화가 등, 다
양한 장면에 사용 가능한 선화 및 사진 데이터가 수록
되어 있는 디지털 자료집. 배경 작화에 편리하게 이용
할 수 있는 각종 데이터가 수록되어있다!

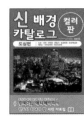

## 신 배경 카탈로그-도심 편

마루샤 편집부 지음 | 이지은 옮김 | 190×257mm
176쪽 | 19,000원

**만화가, 애니메이터의 필수 사진 자료집!**
배경 작화에서 편리하게 사용할 수 있는 번화가 사진
을 수록한 자료집. 자유롭게 스캔, 복사하여 인물만으
로는 나타낼 수 없는 깊이 있는 작화에 도전해보자!

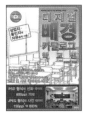

## 디지털 배경 카탈로그-학교 편

ARMZ 지음 | 김재훈 옮김 | 182×257mm | 184쪽
25,000원

**다양한 학교 배경 데이터가 이 한 권에!**
단골 배경으로 등장하는 학교. 허나 리얼하게 그리
려고해도 쉽지 않은 학교의 사진과 선화 자료뿐 아니
라, 디지털 원고에 쓸 수 있는 PSD 파일까지 아낌없
이 수록하였다!

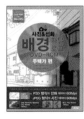

## 사진&선화 배경 카탈로그-주택가 편

STUDIO 토레스 지음 | 김재훈 옮김 | 190×257mm
176쪽 | 25,000원

**고품질 디지털 배경 자료집!!**
배경을 그릴 때 편리하게 활용할 수 있는 선화와 사
진 자료가 수록된 고품질 디지털 자료집. 부록 DVD-
ROM에 수록된 데이터를 원하는 스타일에 맞춰 자
유롭게 사용하자!

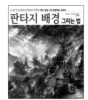

## 판타지 배경 그리는 법

조우노세 외 1인 지음 | 김재훈 옮김 | 215×257mm
160쪽 | 22,000원

**환상적인 디지털 배경 일러스트 테크닉!**
「CLIP STUDIO PAINT PRO」를 사용, 디지털 환경에서
리얼한 배경 일러스트를 그리기 위한 기법을 담고 있으
며, 배경을 그리기 위한 지식, 기법, 아이디어와 엄선한
테크닉을 이 한 권으로 배울 수 있다.

## Photobash 입문

조우노세 외 1인 지음 | 김재훈 옮김 | 215×257mm
160쪽 | 21,000원

CLIP STUDIO PAINT PRO의 기초부터 여러 사진을 조
합, 일러스트를 완성하는 포토배시의 기초부터 사진을
일러스트처럼 보이도록 가공하는 테크닉까지. 사진을
사용한 배경 일러스트 작화의 모든 것을 담았다.

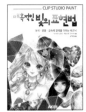

## CLIP STUDIO PAINT 매혹적인 빛의
## 표현법 보석·광물·금속에 광채를 더하는 테크닉

타마키 미츠네, 카도마루 츠부라 지음 | 김재훈 옮김
190×257mm | 172쪽 | 22,000원

**보석이나 금속의 광택을 표현해보자!**
이 책에서 설명하는 방식을 따라 투명감 있는 물체나
반사광 표현을 익혀보자!

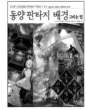

## 동양 판타지 배경 그리는 법

조우노세 외 1인 지음 | 김재훈 옮김 | 215×257mm
164쪽 | 22,000원

「CLIP STUDIO PAINT」로 동양적인 분위기가 나는 환상
적인 배경 일러스트 그리는 법을 소개한다. 두 저자가 체
득한 서로 다른「색 선택 방법」과「캐릭터와 어울리게 배
경 다듬는 법」등 누구나 알고 싶은 실전 노하우를 실제
로 따라해볼 수 있도록 안내한다.

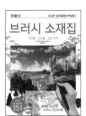

## CLIP STUDIO PAINT 브러시 소재집
## 자연물·인공물·질감 효과

조우노세 외 1인 지음 | 김재훈 옮김 | 190×257mm
168쪽 | 21,000원

**중쇄가 계속되는 CLIP STUDIO 유저 필독서!**
그림의 중간 과정을 대폭 생략해주는 커스텀 브러시
151점을 수록, 사용 방법과 중요 테크닉, 직접 브러
시를 제작하는 과정까지 해설하였다.

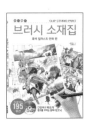

## CLIP STUDIO PAINT 브러시 소재집
## 흑백 일러스트·만화 편

배경창고 지음 | 김재훈 옮김 | 190×257mm |
168쪽 | 23,900원

**「CLIP STUDIO 유저 필독서」제2탄 등장!**
「흑백」일러스트와 만화를 그릴 때 유용한 선화/효과
브러시 195점 수록. 현역 프로 작가들이 사용, 검증한
명품 브러시와 활용 테크닉을 공개한다(CD 제공).

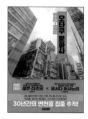

## 오타쿠 문화사 1989~2018

헤이세이 오타쿠 연구회 지음 | 이석호 옮김 | 136쪽 |
13,000원

**오타쿠 문화는 어떻게 변해왔는가!**
애니메이션에서 게임, 만화, 라노벨, 인터넷, SNS, 아이돌, 코미케, 원더페스, 코스프레, 2.5차원까지, 1989년~2018년에 걸쳐 30년 동안 일어났던 오타쿠 역사의 변천과정과 주요 이슈들을 흥미롭게 파헤친다.

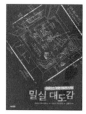

## 아리스가와 아리스의 밀실 대도감

아리스가와 아리스 지음 | 김효진 옮김 | 372쪽 | 28,000원

**41개의 기상천외한 밀실 트릭!**
완전범죄로 보이는 밀실 미스터리의 진실에 접근한다! 깊이 있는 통찰력으로 날카롭게 풀어낸 아리스가와 아리스의 밀실 트릭 해설과 매혹적인 밀실 사건현장을 생생하게 그려낸 이소다 가즈이치의 일러스트가 우리를 놀랍고 신기한 밀실의 세계로 초대한다.

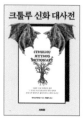

## 크툴루 신화 대사전

히가시 마사오 지음 | 전홍식 옮김 | 552쪽 | 25,000원

**크툴루 신화에 입문하는 최고의 안내서!**
크툴루 신화 세계관은 물론 그 모태인 러브크래프트의 문학 세계와 문화사적 배경까지 총망라하여 수록한 대사전으로, 그 방대하고 흥미진진한 신화 대계를 간결하고 명확하게 설명한다.

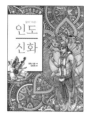

## 알기 쉬운 인도 신화

천축 기담 지음 | 김진희 옮김 | 228쪽 | 15,000원

**혼돈과 전쟁, 사랑 속에서 살아가는 인도 신!**
라마, 크리슈나, 시바, 가네샤! 강렬한 개성이 충돌하는 무아와 혼돈의 이야기! 2대 서사시 『라마야나』와 『마하바라타』의 세계관부터 신들의 특징과 일화에 이르는 모든 것을 이 한 권으로 파악한다.

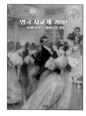

## 영국 사교계 가이드

무라카미 리코 지음 | 문성호 옮김 | 216쪽 | 15,000원

**19세기 영국 사교계의 생생한 모습!**
영국은 19세기 빅토리아 시대(1837~1901)에 번영의 정점에 달해 있었다. 당시에 많이 출간되었던 「에티켓 북」의 기술을 바탕으로, 빅토리아 시대 중류 여성들의 사교 생활을 알아보며 그 속마음까지 들여다본다.

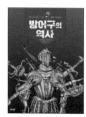

## 방어구의 역사

다카히라 나루미 지음 | 남지연 옮김 | 244쪽 | 15,000원

**다종다양한 방어구의 변천사!**
각 지역이나 시대에 따른 전술·사상과 기후의 차이로 인해 다른 결론에 도달한 다양한 방어구. 기원전 문명의 아이템부터 현대의 방어구인 헬멧과 방탄복까지 그 역사적 변천과 특색·재질·기능을 망라하였다.

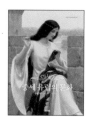

## 중세 유럽의 문화

이케가미 쇼타 지음 | 이은수 옮김 | 256쪽 | 13,000원

**심오하고 매력적인 중세의 세계!**
기사, 사제와 수도사, 음유시인에 숙녀, 그리고 농민과 상인과 기술자들. 중세 배경의 판타지 세계에서 자주 보았던 그들의 리얼한 생활을 일러스트와 표로 이해한다! 중세라는 로맨틱한 세계에서 사람들은 의식주를 어떻게 꾸려왔는지 생생하게 보여준다.

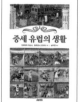

## 중세 유럽의 생활

가와하라 아쓰시, 호리코시 고이치 지음 | 남지연 옮김 |
260쪽 | 13,000원

**새롭게 보는 중세 유럽 생활사**
「기도하는 자」, 「싸우는 자」, 그리고 「일하는 자」라고 하는 중세 유럽의 세 가지 신분. 그중 「일하는 자」, 즉 농민과 상공업자의 일상생활은 어떤 것이었을까? 전근대 유럽 사회의 진짜 모습에 대하여 알아보자.

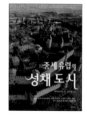

## 중세 유럽의 성채 도시

가이하쓰샤 지음 | 김진희 옮김 | 232쪽 | 15,000원

**성채 도시의 기원과 진화의 역사!**
외적으로부터 생명과 재산을 보호하기 위해 견고한 성벽으로 도시를 둘러싼 성채 도시. 그곳은 방어 시설과 도시 기능은 물론 문화·상업·군사 면에서도 진화를 거듭하는 곳이었다. 궁극적인 기능미의 집약체였던 성채 도시의 주민 생활상부터 공성전 무기·전술에 이르기까지 상세하게 알아본다.

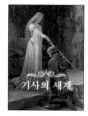

## 기사의 세계

이케가미 이치 지음 | 남지연 옮김 | 232쪽 | 15,000원

**중세 유럽 사회의 주역이었던 기사!**
때로는 군주와 신을 위해 용맹하게 전투를 벌이고 때로는 우아한 풍류인으로 궁정을 화려하게 장식했던 기사. 그들은 무엇을 위해 검을 들었고 바라는 목표는 어디에 있었는가. 기사의 탄생에서 몰락까지, 역사의 드라마를 따라가며 그 진짜 모습을 파헤친다.

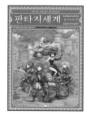

## 판타지세계 용어사전

고타니 마리 지음 | 전홍식 옮김 | 200쪽 | 14,800원

**판타지의 세계를 즐기는 가이드북!**
판타지 작품은 신화나 민화, 역사적 사실에 작가의 독특한 상상력이 더해져 완성된 것이 많다. 『판타지세계 용어사전』은 판타지에 대한 이해를 돕는 용어들을 정리, 해설한 책으로 한국어판에는 역자가 엄선한 한국 판타지 용어 해설집도 함께 수록되었다.

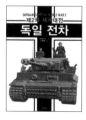

## 제2차 세계대전 독일 전차

우에다 신 지음 | 오광웅 옮김 | 200쪽 | 24,800원

**제2차 세계대전 독일 전차 철저 해설!**
전차의 사양과 구조, 포탄의 화력부터 전차병의 군장과 주요 전장 개요도까지, 밀리터리 일러스트의 일인자 우에다 신이 제2차 세계대전의 전장을 누볐던 독일 전차들을 풍부한 일러스트와 함께 상세하게 소개한다.